ES GRANDS SIÈCLES

ET

LES GRANDS HOMMES

COUP D'ŒIL

SUR L'HISTOIRE DU MONDE

PAR

LE P. MARIN DE BOYLESVE, S. J.

SECONDE ÉDITION

REVUE ET CORRIGÉE

Regi sæculorum immortali.

PARIS
JULES VIC, LIBRAIRE
11, RUE CASSETTE, 11

1878

CANTIQUES

Cœur de Jésus, sauve la France, musique du Fr. A. de A.

La France à Marie, musique du Fr. A. de A.

Prix de chacun des deux cantiques (la musique n'est pas la même) : Mélodie et paroles : 10 c.; la douzaine : 1 fr.; 50 exemplaires : 3 fr.; le cent : 5 fr.

Paroles seules des deux cantiques réunis : le cent : 1 fr.; le mille : 7 fr., *franco* 8 fr. 50 c.

Saint Joseph, solo et chœur, musique du P. Ad. de Doss, prix net : 1 fr. — Paroles seules : le cent : 1 fr.; le mille : 7 fr., *franco* 8 fr 50 c.

Le Pape-Roi, solo et chœur, musique du P. Ad. de Doss, prix : 50 cent. — Paroles seules : le cent : 1 fr.; le mille : 7 fr., *franco* 8 fr. 50 c.

Pie IX et le Cœur de Jésus. — Le Pape et l'Eglise. — Marie et l'Eglise. — Saint Ignace et l'Eglise.

Paroles seules de ces cantiques réunis 5 c.; le cent : 3 fr. 25 c., *franco* 3 fr. 50 c.

Tous ces cantiques se trouvent chez *Haton*.

(Demander chez *Graff*, Paris, rue Bonaparte, 84, la musique des quatre derniers, sous le titre de : **L'Eglise sur la mer du monde.**)

FEUILLES VOLANTES

RELIGION ✠ ✠ ✠ PATRIE

Sous ce cri de guerre paraît une série de feuilles volantes, propres à être distribuées dans les missions, dans les collèges, les écoles, les patronages, les cercles et par là dans les familles pour y faire pénétrer la religion et la morale.

Les **Feuilles volantes** se vendent assorties ou au choix.

Le cent, 1 fr., *franco* 1 fr. 25; le mille, 7 fr., *franco* 8 fr. 50 c.

Paris, HATON, 33, rue Bonaparte.

Le Mans, LEGUICHEUX-GALLIENNE, rue Marchande, 15.

LES GRANDS SIÈCLES

ET

LES GRANDS HOMMES

ERRATA

Page 6, ligne 17 : le type le plus brillant, *lisez :* la figure la plus complète.

Page 59, ligne 31 : palines, *lisez :* plaines.

Le Mans. — Typ. Leguicheux-Gallienne.

LES GRANDS SIÈCLES

ET

LES GRANDS HOMMES

COUP D'ŒIL SUR L'HISTOIRE DU MONDE

89

PAR

LE P. MARIN DE BOYLESVE, S. J.

SECONDE ÉDITION

REVUE ET CORRIGÉE

Regi sæculorum immortali.

PARIS

JULES VIC, LIBRAIRE

11, RUE CASSETTE, 11

1878

LES GRANDS SIÈCLES

ET

LES GRANDS HOMMES

Hic erit magnus. Celui-là est le grand par excellence qui a fait le plus pour la gloire de Dieu et le salut des hommes. Il se nomme Jésus, le Sauveur ; son surnom, son titre est le Christ, le Messie, ce qui veut dire oint ou sacré. L'onction se donnait aux prophètes, aux rois et aux prêtres. Jésus est tout cela : il est le prophète, il est le roi, il est le prêtre, et il fallait qu'il fût tout cela, il fallait qu'il fût le Christ pour être le Sauveur. Il fallait qu'il fût prophète, qu'il fût la lumière surnaturelle, pour tirer les intelligences des ténèbres de l'erreur ; il fallait qu'il fût roi, pour diriger les volontés dans les voies de la justice ; il fallait qu'il fût prêtre, pour unir Dieu et l'homme par le sacrifice et par la communion : par le sacrifice qui consacre l'homme à Dieu, par la communion qui donne Dieu à l'homme.

Dès lors la mesure de la grandeur est trouvée. Un

siècle est plus ou moins grand, selon que les faits dont il a été le témoin concourent plus ou moins à préparer ou à seconder l'action de Jésus sur les intelligences et sur les volontés. Et parmi les hommes, ceux-là sont les plus grands qui ont fait le plus pour établir, étendre et maintenir l'union des hommes avec Dieu par Jésus-Christ.

I

Aussi selon les deux sens du mot, le prêmier homme, dans l'ordre de la supériorité comme dans l'ordre de l'existence, ce fut Adam. Dieu qui le destinait à être le père et le chef de l'humanité le doua, en le créant, d'une intelligence et d'une volonté qui répondaient à la hauteur de sa mission. Même abstraction faite de la grâce et de la justice originelle qu'il devait transmettre à sa postérité, Adam avait reçu la nature humaine dans toute sa perfection ; Dieu l'avait rempli d'une sagesse proportionnée aux charges de la suprême paternité.

Mais avec Adam et par lui s'ouvre l'ère de la décadence. Et quelle chute! Elle répond à la hauteur d'où est tombé le premier homme ; mais en même temps la profondeur de l'abîme fait ressortir la hauteur à laquelle l'homme va être relevé.

Nous sommes fiers de notre siècle, parce qu'il a proclamé la conception immaculée de Marie ; le siècle du premier homme peut nous disputer la palme. C'est alors que, pour la première fois, il fut dit qu'une femme écraserait la tête du serpent. Et cette annonce renfermait celle d'un Sauveur, qui devait être le second Adam et le grand par excellence. En attendant la décadence va se précipiter.

Le nom de Caïn rappelle le premier crime, le premier homicide ; l'innocent Abel est la première victime et sa mort, qui est la première, est aussi la première figure du grand sacrifice.

La civilisation telle que l'entendent les hommes du monde commence sous de funestes auspices. Caïn bâtit la première ville. L'industrie et les beaux-arts trouvent leurs inventeurs dans la race du maudit. Ici, c'est Tubalcaïn qui le premier enseigne à forger les métaux ; là, c'est Jubal qui fabrique les premiers instruments de musique ; puis c'est Jabel qui créa l'art pastoral et qui le premier imagina les tentes pour se loger.

Mais l'honneur de la vraie civilisation revient à la race des enfants de Dieu. Le fils de Seth, Enos, rend à Dieu un culte solennel ; Hénoch marche devant Dieu et Dieu l'enlève, le réservant pour les grands combats de la fin du temps ; Noé construit l'arche qui sauvera le genre humain.

Vers la fin de cette longue période, on vit des géants, hommes puissants et fameux. Le déluge a effacé jusqu'à leur nom. Il est aujourd'hui des hommes puissants et fameux qui se croient des géants et qui passent pour tels. Quand le flot de la révolution aura couvert ces montagnes, on ne parlera plus que de l'arche et de Noé, je veux dire de l'Église et de Pie IX. Toutefois moins heureux que les géants antédiluviens, les faux grands hommes de notre temps laisseront leur nom à la postérité, nom maudit et méprisé que l'histoire ajoutera aux Néron, aux Julien, aux Arius, aux Luther, aux Henri IV d'Allemagne, aux Henri VIII d'Angleterre, aux Voltaire et aux Robespierre : mieux vaudrait pour eux n'avoir jamais existé.

L'homme avant le déluge s'est perdu par la chair et par les sens. Après le déluge il se perdra par l'orgueil, et l'orgueil ramènera la corruption de la chair augmentée de la corruption de l'esprit.

Une cité s'élève, une tour la domine et menace le ciel. Les hommes ont dit : *Celebremus nomen nostrum*. Célébrons notre nom. Mais ce monument de l'orgueil humain n'immortalisera que sa confusion et sa vanité. Babel cependant sera le berceau des langues et des nations diverses. Mais la confusion des langues sera une trop fidèle image de la confusion des idées.

Les familles de Sem, de Cham et de Japhet se sont dispersées. Sous la main d'un petit fils de Cham le maudit, de Nemrod qui fut le premier roi, Babel devient Babylone.

Celle-ci rappelle Ninive sa voisine et sa rivale, fondée par Assur, qui donna son nom à l'empire Assyrien.

La civilisation de ces temps-là nous est rappelée dans une inscription retrouvée dans les ruines.

« Avant moi nul guerrier du pays où je règne « n'avait vu de mer, j'en ai vu quatre. J'ai contraint « les fleuves de couler où je voulais, et je ne l'ai « voulu qu'aux lieux où ils pouvaient être utiles. J'ai « fécondé des terres stériles ; j'ai élevé des forteresses « inexpugnables ; j'ai percé avec le fer, à travers « d'impraticables rochers, de larges chemins ; mes

« chariots ont couru là où les bêtes féroces ne pou-
« vaient marcher. Au milieu de tous ces travaux, j'ai
« trouvé du temps pour mes plaisirs et mes amis. »

Qui parle un si fier langage ? On dirait un roi ou un peuple du dix-neuvième siècle ! Erreur : vous n'en êtes encore qu'à Sémiramis.

Laissons l'Inde avec ses épopées et sa théologie panthéiste ; laissons la Chine et ses antiques traditions. Ces peuples si grands par le nombre sont restés à l'écart du mouvement qui prépare la venue du Sauveur. Leur civilisation demeurera immobile.

L'Égypte avec ses pyramides, son lac Mœris, son labyrinthe de douze palais, sa Thèbes aux cent portes et sa législation si sage, s'immobilise aussi dans un culte faux et grossier, et à part son Sésostris qui brille et qui passe comme l'éclair, elle s'isole du mouvement général. Passons.

« Sors de la maison de ton père et de ta parenté, et en toi seront bénies toutes les tribus de la terre. » C'est Dieu qui appelle Abraham. Cet homme sera grand, parce qu'il croira, espérant contre toute espérance. Il deviendra le père d'une grande nation ; cette grande nation, ce n'est pas Israël qui ne fut qu'un petit peuple, c'est l'Église instituée par ce fils d'Abraham en qui devaient être bénis tous les peuples de la terre. Isaac, Jacob partagent la gloire du père et de l'aïeul. Par ses malheurs et par sa grandeur Joseph, vendu par ses frères jaloux et devenu leur sauveur, annonce celui qui, vendu lui aussi et livré par l'envie, passera de l'excès des opprobres à la droite du Très-Haut et qui ne se vengera de ses ennemis qu'en les sauvant.

Enfin voici le grand Moïse, grand parce qu'il fut le

libérateur de ce peuple qui, après avoir été la figure de l'Église par toute son histoire, devait donner au monde le Sauveur universel. La corbeille, le buisson ardent, la verge et les fléaux, la mer Rouge s'ouvrant pour laisser passer Israël et se refermant pour engloutir Pharaon, la loi du Sinaï, la manne, l'eau du rocher, le veau d'or réduit en poudre, l'arche d'alliance, le tabernacle, le sacerdoce d'Aaron, la terre engloutissant Coré, Dathan et Abiron, le serpent d'airain, Balaam forcé de bénir un peuple qu'il voulait maudire et annonçant l'étoile de Celui qui dominera sur tous les fils de Seth, c'est-à-dire sur tous les hommes, Moïse lui-même mourant après avoir annoncé un prophète qui lui ressemblera, tout cet ensemble environne le nom de cet homme extraordinaire d'une auréole de gloire qui éclipse toute autre grandeur et qui en fait le type le plus brillant de Celui qui sera le grand par excellence.

Formé par Moïse, Israël sous la conduite de Josué se présente pour prendre possession de la terre qui lui fut promise. Devant l'arche sainte le Jourdain se divise, les remparts de Jéricho s'écroulent; à la voix de Josué le soleil s'arrête.

Durant la période qui s'écoule entre Abraham et David, apparaissent les premiers civilisateurs et les premiers héros de ce peuple qui, avant les Romains, dominera le monde par le génie de ses hommes de pensée, de ses hommes de parole, et de ses hommes de guerre. Ce sont le phénicien Inachus à Argos, l'égyptien Cécrops à Athènes, le phénicien Cadmus à Thèbes, Pélops donnant son nom au Péloponèse.

Cependant presque partout l'homme a oublié Dieu

et il s'est oublié lui-même. Il a oublié sa bassesse et sa grandeur. — Sa bassesse : les forts et les puissants se prennent pour des demi-dieux, ils s'adorent et se font adorer. Sa grandeur : les faibles se font esclaves et se laissent traiter comme des bêtes de somme. Dans les pays les plus civilisés le grand nombre rampe aux pieds d'un ou de plusieurs hommes qui se disent le roi ou les meilleurs, les aristocrates, quand ils ne sont que les tyrans. Si dans quelques cités, telles que Athènes ou Rome, les hommes se croient libres, en fait ils servent de jouet ou d'instrument aux caprices d'un individu habile et audacieux qui se nomme tantôt Pisistrate ou Alcibiade, tantôt Clodius ou Catilina, et finalement Néron. Parfois, il est vrai, cette multitude servile se soulève ou plutôt elle est soulevée par la voix de quelque démagogue ou de quelque tribun, mais c'est précisément pour se défaire de ses grands hommes et de ses sauveurs. Athènes proscrit Miltiade, Aristide, Thémistocle, Cimon; Rome rejette Camille et Scipion. Telle sera l'histoire humaine jusqu'à ce que vienne le Roi qui, abolissant à la fois la tyrannie et la servitude, assurera la liberté en divinisant l'autorité. Mais en attendant les hommes forts qui, au nom de Dieu, maintiendront le droit des faibles contre la violence des forts, le brigandage, l'adultère et l'homicide marchent le front haut et dominent le monde. La fable est un tissu de crimes, l'histoire est pire que la fable.

Toutefois, au sein même du chaos de toutes les erreurs et de tous les vices, le règne du Sauveur universel se prépare. La fable a son Hercule et son Thésée qui se déclarent pour l'innocence et pour la faiblesse contre le crime et contre la violence. Les monstres de l'humanité, comme ceux des forêts, tombent sous les coups de leur puissante massue. Les peuples célèbrent leur nom et gardent leur mémoire. Par eux commence la civilisation de cette petite contrée dont le rôle sera si grand. Les Héraclides domineront à Sparte, et Thésée réunira en une seule cité les douze bourgs d'Athènes.

Inspiré par le génie, l'héroïsme à son tour inspire le génie. Le héros appelle le poète, Achille enfante Homère. Avec toutes ses passions, Achille est grand, non-seulement parce qu'il est le plus fort, le plus rapide, le plus brave sur le champ de bataille; mais surtout parce qu'il est généreux, parce que l'injustice l'indigne et que, pour défendre le droit, il ose seul élever la voix contre le superbe Agamemnon. Toutefois la colère même la plus juste doit garder la mesure. Achille sous sa tente est un malheur public et national. Homère a compris que si l'on pouvait concilier Achille et Agamemnon, si l'on pouvait accorder l'élan d'une valeur invincible avec la majestueuse unité du commandement, trois coups de lance suffiraient pour abattre l'orgueil oriental. Le poète jette son idée dans l'Iliade, et par cette sublime épopée, il trace l'histoire future de la Grèce. Lycurgue et Solon y puiseront leurs législations si diverses, les poètes y emprunteront le sujet de leurs drames, Platon y blâmera les faiblesses des dieux et des héros, mais il y prendra l'idéal du gouvernement et des lois, et enfin, Agamemnon et Achille se réuniront dans Alexandre.

A l'époque des héros demi-fabuleux et demi-historiques de la Grèce, Israël voit aussi surgir dans son sein des héros libérateurs, les Aod, les Barac, les Gédéon, les Jephté. Samson est contemporain d'Achille.

Mais par un contraste singulier, comme nous l'avons dit ailleurs, la même année (1095 avant Jésus-Christ), Athènes, victorieuse par le dévouement de Codrus son roi, abolit la royauté, et Israël, heureux sous la judicature pacifique de Samuel, s'avise de demander un roi. Dieu l'accorde, mais il se réserve le choix de l'homme et de la famille. Le premier devoir comme la première condition de la royauté sera l'obéissance au Roi des rois. Le premier élu, Saül, désobéit, il est rejeté. Un berger le remplacera. Sacré par Samuel, à l'insu de Saül, David sauve Israël en renversant Goliath. Sa vie entière sera une lutte : lutte pour défendre sa propre vie contre la jalousie de Saül, lutte pour monter sur le trône auquel Dieu l'appelle, lutte pour abattre tous les ennemis du peuple de Dieu. Un instant de repos devient celui du crime ; mais le royal pénitent se relève par l'humiliation, et profite de la paix pour préparer le temple qui doit être la figure de l'Église, comme David lui-même fut la figure de Jésus-Christ et le type du roi chrétien.

Il y a deux hommes en David : le prophète et le roi, l'homme de Dieu et l'homme de la patrie. Ce guerrier manie avec un égal bonheur deux glaives : la prière dans ses psaumes et l'épée sur le champ de bataille.

Au roi guerrier, succède le roi pacifique. Toutes les gloires se résument dans Salomon, et son règne résume aussi toute la civilisation, d'abord avec toutes ses splendeurs, puis, hélas ! avec toutes ses hontes.

Salomon et David terminent la galerie de ces hommes étonnants qui figurèrent le Sauveur; ils ouvrent la série des grandes prophéties qui annoncent le Roi libérateur.

David, dans ses psaumes, chante les combats et les triomphes du Christ; Salomon, dans ses livres, exalte le Sage et le Juste par excellence. Le prophète Élie fait trembler l'impie Achab. Isaïe raconte d'avance la naissance, la vie, la passion, la mort du Sauveur et son règne par l'Église. Jérémie pleure sur Jérusalem. Ezéchiel voit le fils de l'homme triomphant sur un char mystérieux qui représente la création tout entière. Daniel annonce le règne du Messie sur toutes les royautés de la terre.

Mais revenons aux empires terrestres. Tandis que le peuple de Dieu atteignait son apogée sous David et Salomon, tandis que dans l'ombre, la Perse, la Grèce et Rome se forment par une vie rude et militante, la lutte se poursuit entre les deux plus anciennes villes du monde. Voilà près de mille ans que ces deux fières cités se disputent les régions qu'arrosent le Tigre et l'Euphrate. Celle qui l'emportera, dominera l'Orient.

Ninive d'abord a vaincu sa rivale. Ninus et Sémiramis ont fondé le premier empire assyrien, qui, après cinq siècles de durée, s'écroule avec Sardanapale dans les fanges de la volupté. Babylone alors reprend son indépendance et se sépare de Ninive, et si par ses rois, celle-ci domine de nouveau, ce sera pour sa propre perte. Car le siége de l'empire est transféré à Babylone, Ninive s'efface, elle disparaît de l'histoire ; mais elle étonne encore par l'étendue et par la magnificence de ses ruines.

Babylone désormais règne sur le monde civilisé. Nabuchodonosor le Grand l'élève au comble de la gloire.

Dans ces monarchies, si imposantes par l'étendue et par la durée, les grands hommes sont rares. On ne peut guère citer que Ninus, une femme, Sémiramis, et Nabuchodonosor le Grand. Quand la royauté n'a pas le contre-poids d'une noblesse assez puissante pour prévenir le despotisme, la grandeur se change en orgueil et l'orgueil change Nabuchodonosor en bête. Leçon terrible qui enseigne aux petits comme aux grands qu'en voulant s'élever au-dessus de soi, l'homme retombe au-dessous de lui-même. La passion la plus fière engendre la passion la plus vile, l'orgueil engendre la luxure. Peu après le grand mais superbe Nabuchodonosor, paraît le superbe mais infâme Balthasar. Avec lui le second empire assyrien s'effondre dans une orgie sacrilége.

Cyrus, le vainqueur de Babylone, fut l'un des hommes les plus complets du monde antique. Dieu lui-même l'avait choisi et comme formé de sa main. L'un de ses successeurs, Darius le Mède, porta l'empire des Mèdes et des Perses à son plus haut degré. Mais bientôt, vaincus par l'opulence et les délices de Babylone dont ils ont eu l'imprudence de faire leur capitale, les rudes vainqueurs de la reine de l'Orient succombent à leur tour sous le poids du faste et dans les hontes de la mollesse. Déjà Darius s'est vu arrêter par une poignée de Grecs. L'orgueil insensé de Xerxès fera voir une fois de plus que le nombre n'est pas la force.

II

Enfin les Grecs paraissent sur la scène. Il y a plus de treize cents ans (depuis Inachus, 1856 avant J.-C.) qu'ils se forment par des luttes incessantes. Une fois entrés dans l'histoire, en moins de cinq siècles, ils feront dans le monde plus de bruit et aussi plus d'effet que les colossales puissances de l'Orient durant un triple espace de temps.

Ranimée par le génie de Cyrus, Babel, après avoir enveloppé l'Asie, déborde sur l'Europe. Mais à Marathon, Miltiade, avec dix mille Athéniens, culbute trois cent mille Perses. L'Orient s'ébranle. Xerxès arrive devant les Thermopyles. On ne dénombre pas ses guerriers. Il est plus aisé de compter les trois cents Spartiates de Léonidas. Aussi Xerxès se borne-t-il à leur demander leurs armes. Viens les prendre, répond tranquillement le roi de Sparte. C'était le grain de sable qui disait à l'Océan : Tu n'iras pas plus loin. Au même temps, à la voix de Thémistocle, Athènes se transportait sur ses vaisseaux.

Grâce à un traître qui n'était pas de Sparte, Léonidas est tombé aux Thermopyles avec ses trois cents braves. Encore un peu le despotisme oriental plane sur le monde. Mais si Léonidas est tombé plutôt que de reculer d'un pas, Thémistocle a ramassé tous les vaisseaux de la Grèce dans le détroit de Salamine pour imposer à ses guerriers la nécessité de vaincre. —

Et Xerxès repasse sur un simple esquif une mer qui naguère disparaissait sous le nombre de ses navires. — L'Athénien Aristide et le Spartiate Pausanias vengent à Platée la mort de Léonidas. Puis Cimon, fils de Miltiade, se souvenant de son père, transporte le théâtre de la lutte sur le terrain même des Perses. La Grèce est libre.

Deux cités, qui n'égaleraient pas un faubourg d'une de nos capitales, ont brisé l'effort suprême de la plus formidable puissance qui fût alors au monde. Par leur dévouement, Athènes et Sparte ont pris le premier rang entre les peuples grecs. Athènes sera l'intelligence de la personne hellénique, Sparte en sera la volonté. Athènes dominera par le génie, Sparte par le caractère. Périclès, qui par la parole manie les esprits comme il lui plaît, gouvernera en souverain, mais ce sera pour assurer aux Athéniens tous les genres de suprématie. Agésilas, roi de Sparte, étonnera moins par les victoires qu'il remportait en Asie sur le grand roi, que par sa prompte obéissance aux magistrats qui le rappellent à l'instant de ses plus beaux triomphes. De ces deux peuples dominateurs de la Grèce, le plus intelligent est aussi le plus libre, le plus fort est à la fois le plus obéissant.

Image de la lutte intime qui en chacun de nous divise l'intelligence et la volonté: je vois le mieux, je fais le pire, *video meliora proboque, deteriora sequor*, ces deux peuples n'ont pu s'accorder qu'un instant contre l'ennemi commun. Le péril passé, ils n'ont cessé de se disputer la prééminence. Sparte enfin dominait, lorsque de la cité la plus grossière sortit le plus sage, le plus juste, le plus grand des Grecs,

Epaminondas. Leuctres et Mantinée réduisent l'orgueil lacédémonien. Mais Thèbes ne peut soutenir sa gloire qui s'évanouit avec Epaminondas mourant au sein de son triomphe.

Un jeune prince, presque un captif, Philippe de Macédoine, avait reçu d'Epaminondas la leçon et l'exemple qui font l'homme sage et juste. Il ne retint que la sagesse qui fait le politique et le guerrier. La Grèce était affaiblie par les divisions. Philippe vit qu'il pouvait devenir le maître. Un seul homme lui résista. Philippe maniait le fer et prodiguait l'or; à cette double force, Démosthène n'opposait que la parole. Et il put affirmer, sans qu'Eschine, son rival, osât le démentir que, pour ce qui le concernait, il avait triomphé de Philippe : Κεκρατηκα Φιλιππου. Toutefois la parole n'est une puissance qu'à la condition de se transformer en fait. *Dixit et facta sunt.* Démosthène parlait, Philippe agissait. Démosthène fut le prince de l'éloquence, Philippe fut le père d'Alexandre.

Léonidas et Thémistocle ont vaincu Xerxès; Athènes et Sparte, ou l'intelligence et la volonté unies, l'ont emporté sur la force du nombre. Puis, faute d'un roi qui les dominât pour les accorder et les diriger, Athènes et Sparte se sont divisées. Alexandre paraît. Condensée sous sa forte main, la Grèce renverse le colosse oriental.

Par ses hommes de génie et de caractère, ce petit peuple, qui commence à Marathon et qui finit à Arbelles, représente et prépare le second peuple de Dieu, l'Église de Jésus-Christ, dont le petit peuple juif est la vraie représentation et la préparation directe. Alexandre (l'Auxiliaire des braves) et Démosthène (la Force du peuple) sont, l'un et l'autre, dans l'ordre profane, une figure qui annonce ce que sera et ce que fera Celui qui doit délivrer le monde par sa seule parole. — Il est vrai que cette parole est un glaive. Aussi dans l'Ancien Testament et dans le Nouveau, le Sauveur est annoncé et il s'annonce lui-même comme un guerrier. C'est que, entre le glaive et la parole, entre le guerrier et l'orateur ou l'écrivain, il existe une étonnante intimité. Au fond, l'un et l'autre ne sont que la manifestation et l'expression de l'idée qui s'affirme et qui veut dominer. Le génie de la guerre et le génie de la parole ont coutume de se rencontrer dans les mêmes régions et aux mêmes époques. Je ne parle pas de ces guerres où la force brutale domine la force intellectuelle et morale. Alors le glaive matériel brise le glaive spirituel. Ceci explique le silence du génie aux époques des Attila, des Mahomet ou des Napoléon. Pour parler en ces temps-là, il faut être un Léon le Grand ou un Joseph de Maistre, et ces hommes-là sont rares,

Mais la guerre entreprise pour une grande et juste cause exalte le génie aussi bien que le caractère. L'opposition même élève la pensée, développe l'énergie et produit les hauts faits. Or, il n'est rien comme une belle action pour inspirer la parole. Ici, je prends la parole dans toute son étendue et sous toutes ses formes : la parole de l'histoire et celle de la philosophie, la parole de l'orateur et celle du poète, et jusqu'à la parole de l'artiste quand il exprime l'idée par les harmonies de la musique, par les couleurs de la peinture, par les traits de la sculpture et par les lignes de l'architecture.

Destiné à préparer le règne de Celui qui devait combattre et sauver par la parole aussi bien que par le sang, le peuple grec devait au génie de la guerre unir le génie de la parole.

Déjà le premier élan de la Grèce avait inspiré l'Iliade. Achille avait créé Homère, le héros avait fait le poète. La guerre a enfanté l'épopée, elle enfantera le drame.

Guerrier, Eschyle a concouru au triomphe des Athéniens sur les Perses; poète, il répétera sur le théâtre la vaillance de ses compagnons d'armes. Tous ses drames, ainsi que ceux de Sophocle et d'Euripide, sont la représentation de quelque grande lutte.

Le tragique païen est sombre et triste. C'est toujours le crime et toujours le malheur. On voit dans l'homme un condamné qui par lui-même ne peut que succomber. La scène proclame, à son insu, la nécessité d'un libérateur divin.

Pindare chante les vainqueurs aux jeux de la Grèce. Les triomphes païens se réduisent souvent à un jeu, les victoires sérieuses sont réservées au chrétien.

Pour monter jusqu'au sublime, la musique doit être religieuse ou militaire, elle doit chanter la divinité ou l'héroïsme. Or, c'est la lutte qui élève l'âme à Dieu et qui fait les héros. L'obstacle et le danger rappellent à la prière ; la victoire et la délivrance commandent la reconnaissance envers celui qui donna la force de vaincre et l'admiration pour le héros qui, sous l'action divine, s'éleva au-dessus du vulgaire et au-dessus de lui-même. La musique sera donc grande et belle quand elle sera une prière, une action de grâces, ou la répétition d'un combat.

Les chefs d'œuvre du pinceau ou du ciseau sont dus aux inspirations du même ordre. Ce que vous admirez dans le Jupiter de Phidias, c'est le sourcil qui, à l'instant d'une lutte solennelle, ébranla le monde.

> Ἦ, καὶ κυανέῃσιν ἐπ' ὀφρύσι νεῦσε Κρονίων.
> . . . . μέγαν δ' ἐλέλιξεν Ὄλυμπον.
>
> *Iliade*, I, 528.

Annuit, et nutu totum tremefecit Olympum (Enéide).

Ce qui ravit dans l'Apollon du Belvédère, c'est le calme de la victoire qui rehausse tous les traits du dieu.

L'architecture, à son tour, sera l'expression de la lutte ou de la victoire. Les châteaux sont des forteresses, de petits camps retranchés : *Castella*; les palais sont des citadelles; les temples, surtout quand ils seront chrétiens, représenteront les triomphes divins remportés par Dieu lui-même en personne ou par les héros et surtout par les saints.

L'histoire ne saisit son burin que pour éterniser le souvenir de quelque lutte solennelle. Hérodote, Thucydide, Xénophon racontent la guerre.

Si Démosthène est le type de l'orateur, c'est que sa parole fut un combat. Grâce à l'ambition de Philippe et à l'indolence des Athéniens, c'en était fait de l'honneur et de la liberté de la patrie. Démosthène se lève, il entreprend de relever les Athéniens et d'arrêter Philippe. Son éloquence grandit et monte avec l'effort de la lutte.

Cependant une bataille plus sérieuse encore s'est

engagée dans les hautes régions de l'intelligence. Si la liberté est attaquée dans l'ordre social, la raison même est menacée dans l'ordre intellectuel. Mais trois sages se sont levés l'un après l'autre pour défendre la justice et la vérité. Le premier se nomme Socrate. Seul contre tous les sophistes et vainqueur sur toute la ligne, il succombe comme Léonidas aux Thermopyles, renversé par la force brutale. Son brillant élève, Platon, règnera dans la sphère des idées, comme jadis Périclès dans Athènes. Disciple de Platon et maître d'Alexandre, Aristote sera aussi l'Alexandre de la philosophie.

Après Alexandre, l'empire politique se divise en quatre monarchies principales ; après Aristote, l'empire philosophique se partage entre quatre grandes écoles : l'Académie qui prétend continuer Platon; le Lycée qui suit Aristote; le Portique qui, sous la conduite du trop austère Zénon, confond le moyen avec la fin et s'arrête dans la vertu comme dans le bien unique et suprême; l'Épicuréisme, ainsi nommé de son chef Epicure, qui rejette l'effort de la vertu pour chercher le bonheur dans la volupté.

Du choc de ces quatre écoles, naît le scepticisme de Pyrrhon qui correspond à la décadence politique de l'empire grec.

Commencée à Sparte par le trop sévère Lycurgue, puis à Athènes par le trop facile Solon, la grandeur hellénique s'est développée par la lutte contre les Perses; elle arrive à son apogée et en même temps à son terme final avec le prince de la parole, Démosthène, avec le prince de la pensée, Aristote, avec le prince de la guerre, Alexandre.

Dans la sphère de l'action, la lutte pour la liberté a produit les héros, les poètes, les artistes, les historiens, les orateurs. Dans la sphère de l'idée, la lutte pour la vérité a produit les philosophes.

On doit à ces derniers les plus hautes leçons de sagesse et de vertu que la raison humaine ait pu donner en dehors de la révélation.

Socrate, le premier maître des vrais philosophes, s'est survécu dans deux de ses disciples. L'un exact et fidèle, se borne à résumer la doctrine socratique dans ses *Mémorables* et il en représente l'idéal réalisé dans l'histoire du grand Cyrus. Vous avez reconnu Xénophon. L'autre, plus libre et plus hardi, s'obstine, sous le nom de Socrate, à poursuivre dans ses dialogues l'idéal du sage et du juste, et il l'entrevoit dans ce long entretien où il cherche quel est le meilleur gouvernement social et individuel. Vous avez nommé le divin Platon.

Après avoir entendu Platon pendant vingt ans, Aristote étudie les lois de la raison, la nature des corps et de l'âme, la règle des mœurs, le gouvernement social, la marche du poète et de l'orateur, et cherchant partout les principes des choses, il remonte jusqu'au premier principe de tout ce qui est.

La Grèce n'est qu'un coin de terre et les Grecs ne forment, dans la masse du genre humain, qu'une faible minorité; mais cette minorité, dans le plan divin, tient une grande place. Si ce petit peuple n'eut pas arrêté Xerxès, Babylone étendait son empire sur l'Europe. Or, la civilisation de Babel fut toujours l'infernal mélange de la triple concupiscence. La Grèce a sauvé la raison et la liberté. Aussi ce peuple, si faible par le nombre, s'est imposé à tous les peuples et à tous les siècles. Dans les régions de l'art comme dans celles de la science, je parle de la science qui tient le premier rang dans l'ordre naturel, de la philosophie, le génie grec, épuré et élevé par le génie chrétien, règne et gouverne encore. Non, la vraie force ne réside pas dans la masse, dans la multitude ; elle n'appartient qu'au génie et au caractère.

Instruments, sans le savoir, de Celui qui seul est le Roi des siècles et des peuples, des sciences et des arts, les Grecs, par leurs luttes pour la liberté, préparaient la voie au libérateur universel ; organes, à leur insu, de Celui qui est le Verbe, la Sagesse, la Parole, leurs philosophes, leurs poètes et leurs orateurs préparaient les intelligences aux leçons du Maître suprême et ils formaient une langue qui devait devenir sacrée sous la plume inspirée des évangélistes et de l'Apôtre des nations et dans la liturgie d'une partie de l'Église catholique.

Annoncé par Daniel, Alexandre, qui résume en sa personne son époque et son peuple, fut plus grand encore qu'il ne pensait, il fit plus qu'il ne voulait. Il ne voulait que soumettre l'Orient et l'Occident à son empire. A peine commencée, cette unité se rompit ; mais une plus haute union se forma et ne cessa de se développer sous l'influence de la langue d'Athènes. Dans les desseins de la Providence qui ménage si habilement le concours des causes secondes avec l'intervention du miracle et qui sait, si doucement, mais si fortement, plier l'ordre naturel à l'ordre surnaturel, cette alliance intellectuelle de tous les peuples civilisés d'alors devait favoriser la diffusion de l'Évangilè et la formation de l'Église. Ainsi, tout en ne rêvant que sa propre gloire, Alexandre fut l'avant-coureur du Roi des rois.

Au même temps la cité qui doit un jour remplacer Jérusalem commence à grandir. Rome devant Véïes, sa puissante rivale, a son siége de Troie ; elle a son Achille dans ce Camille que, par un injuste bannissement, elle contraint au repos, mais qui ne laissera pas de sauver son ingrate patrie, quand, après la victoire de l'Allia, les Gaulois camperont autour du Capitole.

Nous venons de nommer les Gaulois. Par une singulière coïncidence et comme pour faire entrevoir tous les peuples qui seront appelés à prêter un concours spécial au règne de Jésus-Christ sur les nations, en ces temps-là la Gaule commence à se révéler, mais avec un éclat dont la Grèce et Rome ne perdront pas la mémoire. Deux essaims de Gaulois épouvantent au même instant par leur apparition soudaine les deux peuples qui, l'un après l'autre, vont dominer le monde.

Dans l'une de ses reconnaissances hardies au nord de la Thrace, Alexandre rencontra une bande gauloise établie dans la contrée. Étonné de ce que ces étrangers ne partageaient pas avec les autres peuples l'effroi que semait déjà sa seule présence, le jeune héros leur demande ce qu'ils craignent ? — Que le ciel ne tombe, répond l'un d'entre eux. — Ce mot, un Gaulois, un Français, si l'on veut, l'expliquera dans ce vers :

> Je crains Dieu, cher Abner, et n'ai pas d'autre crainte !

III

Babel a vaincu Ninive, Babel a vaincu Jérusalem; vaincue par les Perses, elle les a vaincus en les corrompant.

L'ours avait remplacé le lion, le Perse rude et sévère avait remplacé le fier Assyrien; puis le léopard a pris la place de l'ours (Daniel, vii. 5, 6), le bouc a terrassé le bélier (Daniel, viii, 5) : le sceptre du monde civilisé a passé des Perses aux Grecs, Alexandre a renversé le dernier Darius.

Et, comme toujours, Babel a vaincu son vainqueur. Elle l'enivre de gloire, elle l'enivre de plaisir. Alexandre se croit assez fort pour vider, sans périr, la coupe de la volupté. Le héros expire à la fleur de l'âge.

Ce triomphe de Babel sera le dernier. La fière cité disparaît de l'histoire. Il n'en sera plus parlé. Ses monuments se changent en ruines. Les bêtes fauves vont loger dans ses temples et dans ses palais. Isaïe l'avait prédit.

Avant de mourir, Alexandre avait légué son trône au plus digne, annonçant que ses funérailles seraient sanglantes. Après vingt ans de luttes pour découvrir, sinon le plus digne, du moins le plus fort, il se livra un grand combat. Quatre s'étaient ligués contre un seul. Ptolémée, Séleucus, Cassandre et Lysimaque triomphèrent d'Antigone à Ipsus, et de cette bataille sortirent les quatre monarchies prédites par Daniel.

Lysimaque eut la Thrace avec l'Asie-Mineure jusqu'au mont Taurus. Ce royaume dura peu.

Cassandre régna sur la Macédoine et sur le reste de la Grèce. Ce royaume finit 148 ans avant Jésus-Christ. Il avait duré 153 ans.

Séleucus s'adjugea la Syrie et le reste de l'Asie depuis le Taurus jusqu'à l'Indus. Cette monarchie dura 248 ans, depuis l'an 312 jusqu'à l'an 64 avant Jésus-Christ.

Ptolémée gouverna l'Égypte. Commencé en 323, ce royaume finit l'an 30 avant Jésus-Christ et dura 293 ans.

Quatre cornes ont remplacé la grande corne qui figurait Alexandre (DANIEL, VIII, 8).

Trop divisés pour reprendre la liberté, trop indépendants pour porter en paix le joug macédonien, les Grecs proprement dits ne cessent de lutter, tantôt contre les nouveaux rois de Macédoine, tantôt les uns contre les autres.

Philippe III, actif et habile, parvient enfin à établir sa domination sur toute la péninsule. Cependant peu à peu Rome est devenue maîtresse de la péninsule voisine. Redoutant, non sans raison, ce peuple qui avance toujours, Philippe, pendant la lutte d'Annibal, prend parti pour Carthage. Suivant la marche des grands hommes, les Romains ne s'occupaient que d'une chose à la fois ; quand ils en eurent fini avec Annibal, ils vinrent à Philippe. Quintius le battit aux monts Cynoscéphales. On lui laissa le trône, mais la Grèce fut déclarée libre. Rome savait ce qu'elle faisait. Elle rendait les Grecs à leurs divisions intestines.

Au sein de ce chaos on vit encore briller deux héros : Aratus et Philopémen. Celui-ci fut le dernier des Grecs.

Persée, fils et successeur de Philippe, essaya de reprendre l'empire sur les cités de la Grèce divisée ; il osa même secouer le joug de Rome, mais Paul-Émile le battit à Pydna.

La Macédoine fut divisée, puis déclarée province romaine. La Grèce proprement dite se crut indépendante. L'illusion fut courte. La prise de Corinthe mit fin à l'histoire de ce peuple étonnant.

Restaient deux cornes : la Syrie et l'Égypte.

Le centre de l'Asie ne tarda pas à se détacher de la Syrie. Venus de la Scythie, les Parthes s'établirent en Perse. Bientôt ils arrêteront les Romains, qui trouveront en eux la barrière orientale de leur empire.

Le plus puissant des rois de Syrie, Antiochus le Grand, est le premier à ressentir la main de Rome.

Un autre Antiochus, dit Epiphane (l'illustre), ou Epimane (le fou furieux), fut ce roi impudent, impie, racine du péché, que Daniel avait prédit, esquissant dans ce personnage le portrait de tous les princes persécuteurs, et surtout des persécuteurs des derniers âges. Ce roi avait des projets sur l'Égypte. Rome prit l'Égypte sous sa protection. Popilius Lénas, ambassadeur romain, vint déclarer à Épiphane les intentions de Rome. Épiphane demandait du temps pour réfléchir. Popilius, avec sa baguette, traça sur le sable un cercle autour du roi : « Vous n'en sortirez pas, dit-il, que vous n'ayez répondu. » Le fier Épiphane répondit comme le voulait ce Romain.

Et ce roi, si docile à la baguette, entreprit de fondre ensemble les mœurs, les lois et les cultes des nations diverses dont se composait son royaume. Et, ce qui est plus surprenant, tous ces peuples obéirent.

Le peuple de Dieu lui-même, trahi et vendu par les politiques du sacerdoce d'alors, allait devenir un peuple grec. Mais le sang des martyrs coula. On cite surtout un vieillard, le vénérable Éléazar, et sept jeunes gens, avec leur mère, plus héroïque encore que ses fils si généreux.

Et alors un autre vieillard se leva. L'envoyé d'Antiochus le sommait de suivre l'exemple des peuples et des grands qui tous avaient plié le genou devant les dieux du tyran. Mathathias répondit : « Et quand bien même tous les peuples de la terre obéiraient aux ordres iniques d'Antiochus, moi, et mes fils, et mes frères, nous n'écouterons pas sa voix ! *Etsi omnes... ego non.* » Le vieillard se fit soldat, ses fils lui succédèrent et le glaive des Machabées assura la liberté nationale et religieuse du peuple de Dieu.

Enfin, un Antiochus, treizième du nom, fut battu par Pompée, et la Syrie devint province romaine (64 ans avant Jésus-Christ).

L'Égypte, cependant, sous l'influence des Ptolémées, devient le centre de la civilisation intellectuelle. Mais cette civilisation est toute grecque. La Grèce rendait à l'Égypte ce que jadis elle en avait reçu. Les Ptolémées fondent la célèbre bibliothèque d'Alexandrie. L'un d'eux fait traduire en grec les livres sacrés du peuple de Dieu. Soixante-douze savants juifs furent employés à ce travail. Ainsi la plus belle langue que l'homme ait parlé (si l'on excepte peut-être l'hébreu) reçoit une sorte de consécration en devenant le second organe de la parole divine.

La plupart des rois de la nouvelle Égypte se distinguèrent surtout par le crime et par la débauche. Vint

2

enfin la belle et infâme Cléopâtre, qui fut la maîtresse de César, puis d'Antoine. Ce dernier, plus occupé de sa passion que de sa gloire, suit Cléopâtre qui s'enfuit et il perd à la fois la bataille d'Actium, l'empire de Rome et du monde. Là aussi finit Cléopâtre et, avec elle, la dynastie macédonienne des Ptolémées et le dernier royaume d'Égypte. Devenue province romaine, la terre de Misraïm et des Pharaons, depuis la bataille d'Actium (32 ans avant Jésus-Christ), n'a plus d'histoire. Mais Alexandrie restera le centre des sciences, des lettres et du commerce jusqu'à la conquête des Musulmans, auxquels il sera réservé d'abrutir cette contrée.

IV

Il est temps enfin de considérer ce peuple aux dents de fer qui s'avance en broyant les nations.

Un jeune homme hardi ouvre un asile, un repaire si l'on veut, aux aventuriers du pays latin. Il bâtit une ville dont le nom, tiré du sien, sera Rome, ce qui veut dire la force. Romulus ignorait probablement l'histoire, mais cet homme fort avait le génie du gouvernement. Prenant, sans le savoir, un juste milieu entre l'excessive unité qui, en Orient, concentrait toute la puissance dans la personne du roi, et l'excessif morcellement qui divisait la Grèce, déjà si petite, en autant de pouvoirs qu'il s'y trouvait de cités, et même en autant de gouvernants que de citoyens dans chaque état, Romulus concilia l'autorité et la liberté par un heureux mélange de la monarchie et de la démocratie.

Et, comprenant que pour maintenir l'équilibre entre le roi et la multitude il fallait un troisième élément, il interposa entre le monarque et le peuple un corps puissant qui devait soutenir l'autorité du prince contre les emportements de la foule et protéger la liberté des petits contre les caprices du souverain, il créa le patriciat composé des meilleurs citoyens dont il fit les pères du peuple. La constitution romaine fut donc, dans le principe, un gouvernement composé des trois formes monarchique, aristocratique et démocratique. Malgré les révolutions qui suivirent, il resta toujours quelque chose de ce tempérament primitif.

Dès le principe, l'aristocratie devint trop puissante ou trop ambitieuse. Trouvant Romulus un peu trop roi, ces pères du peuple profitèrent d'un orage pour en faire un dieu. Mais ils n'osèrent pas saisir le pouvoir. Ils appelèrent au gouvernement le sage et pacifique Numa, qui adoucit la nouvelle cité en lui donnant une espèce de religion.

Les voisins commencent à s'inquiéter. Les Romains songent à se défendre. Ils ont compris que le secret de la défense consiste dans l'attaque. D'ailleurs l'élément royal n'étant pas assez prépondérant, ce peuple ne peut pas supporter le repos. S'il n'a pas la guerre au dehors, il faut qu'il l'ait au dedans.

Profitant de la tyrannie du septième roi, Rome se débarrasse de la royauté même et se donne pour chefs de simples conseillers, des *consuls*. Cette révolution fut toute patricienne. Les grands, afin de dominer les petits, renversaient l'autorité qui pouvait les contenir eux-mêmes. Le peuple prend sa revanche et se donne des tribuns. La lutte s'ouvre pour cinq siècles.

Durant cette longue période, le sénat réussira, mais non sans peine, à maintenir sa domination ; à la fin, le peuple aura son tour. Le peuple ! disons plutôt un ambitieux qui saura se servir du peuple pour concentrer en sa main tous les pouvoirs. Le peuple romain triomphant du sénat romain, ce sera César, dictateur, puis Auguste, *imperator* ou général, et surtout tribun perpétuel, *tribunitia potestate pollens*.

Et puis on nous montre à Rome un peuple libre, un peuple roi ! Jamais ce peuple ne fut roi, pas plus sous Romulus que sous Numa, pas plus sous le prétendu républicain Servius Tullius que sous son assassin, l'ambitieux et superbe Tarquin ; jamais il ne fut libre, ni sous les consuls, ni sous les dictateurs, ni sous les décemvirs, ni sous les tribuns militaires. Toujours ce peuple obéit et fut mené, tantôt par le sénat, qui le mena contre les rois, tantôt par les tribuns, qui s'imposèrent à lui sous prétexte de le défendre et qui, en réalité, ne furent que des révolutionnaires cherchant à se substituer aux consuls. On ne voit pas que, depuis la retraite sur le mont Aventin et depuis la création des tribuns du peuple, le nombre des pauvres ait diminué à Rome. Or, pour les pauvres, sauf pour les pauvres volontaires, il n'est pas de liberté.

« Cependant, dit-on, Rome accomplit de grandes choses. Preuve, ajoute-t-on, que l'agitation d'un peuple libre est plus salutaire que le repos asiatique imposé par le despotisme oriental. La lutte continuelle au dedans développait et entretenait l'énergie, la vigueur qui opéra des merveilles au dehors. »

Oui, Rome fut grande et fit de grandes choses ; mais

ce qu'elle fut et ce qu'elle fit, elle le fut et elle le fit par ses grands hommes.

On insiste : « Et n'est-ce pas, réplique-t-on, la liberté qui produit les grands hommes ? »

La liberté ! oui, mais dans un sens tout autre que celui que vous entendez ici. Je m'explique : Celui-là seul est grand qui est roi, je ne dis pas de nom, mais de fait. Car la grandeur suppose nécessairement une supériorité d'intelligence et de volonté qui domine le vulgaire et qui s'impose par la majesté. Or, nul n'est roi s'il n'est libre. L'indépendance est la première condition de la souveraineté. En d'autres termes, celui-là n'est pas souverain qui dépend de tout autre que de Dieu et ne relève pas de lui-même. Mais il est faux que cette indépendance de caractère exige, pour se produire et pour se développer, l'agitation des discordes civiles.

Après tout, à quoi se réduit la grandeur de Rome et qu'a-t-elle donc fait de si grand ? Rome a conquis le monde. Mais les monarques en ont fait tout autant que cette fière république. Ninus, Sémiramis, Nabuchodonosor, Cyrus, Darius le Mède, Alexandre enfin, ont aussi conquis le monde civilisé. Et même on peut affirmer que si Rome a été lente à réaliser ce qu'un seul de ces rois fameux a pu exécuter en dix ans, ce fut précisément parce que ses tribuns, quelquefois aussi son sénat, ne firent qu'entraver ses grands hommes.

Camille, Papirius Cursor, Scipion, Paul Émile, Scipion l'Émilien, César enfin, ont perdu chacun presque les neuf dixièmes de leur vie d'homme à batailler contre les obstacles intérieurs. Ce n'est pas

Camille qui dépensa dix ans devant Véïes, et, sans la jalousie qui l'exila, les Romains n'eussent pas été battus par les Gaulois, et Rome ne se fut pas vue réduite au Capitole. Papirius Cursor, continué dans le commandement, eût soumis en quelques années l'Italie entière. Les mesquines vexations des tribuns forcent le grand Scipion à quitter la ville et à finir ses jours dans l'inaction. Pour n'avoir pas su mendier la faveur populaire, Paul Émile passera les vingt plus belles années de sa vie dans le repos, et ce n'est qu'à soixante ans qu'il lui sera donné de commencer à servir sa patrie. Rome perd son temps et son sang devant Numance jusqu'au jour où enfin elle se résigne à recourir au génie de Scipion l'Émilien, qui déjà l'avait délivrée de la terreur de Carthage. Mais dès ce temps-là les démagogues avaient découvert un secret pour triompher. Au moment où le génie et la vertu du second Scipion sont plus que jamais nécessaires à sa patrie, l'assassinat le fit disparaître. Les Gracques pourront alors bouleverser Rome au gré de leur ambition. Désormais le génie de la liberté républicaine va montrer ce qu'il peut pour la grandeur et la prospérité d'un peuple.

Et d'abord les Gracques sont tombés comme tombent tous les héros des révolutions. Mais leur exemple a fait voir ce que l'on pouvait oser ! Rome passera sous le joug de ces génies brutaux et sanguinaires qui se nommeront Marius et Sylla. Le premier sortait du peuple, le second du sénat. Pompée, de l'ordre des chevaliers, se tint au juste milieu, entre l'aristocratie de la finance personnifiée dans Crassus, et la démocratie concentrée dans César, qui patricien par naissance se fit plébéïen par politique. Par César le peuple l'emporta, mais ce peuple ne fut, comme toujours, que l'instrument dont César se servit pour gouverner en maître et le peuple lui-même d'abord et le sénat, et Rome et le monde.

Le poignard en délivrant Rome de celui qui seul pouvait la relever la livre à un politique. Et la maîtresse du monde sera l'esclave d'un Auguste, puis d'un Tibère, d'un Caligula, d'un Claude, d'un Néron. Tel fut le peuple roi.

Non, sa grandeur n'eut pas pour principe une liberté que jamais il ne posséda, ni en droit ni en fait, ni dans sa constitution, ni dans son gouvernement, ni dans ses mœurs. Quelle en fut donc la source! Car ce peuple fut grand. L'Écriture le dira.

Au premier livre des Machabées (c. VIII), après avoir énuméré les conquêtes des Romains et signalé leur puissance, l'écrivain sacré ajoute ce trait : «Ceux qu'ils veulent faire régner, règnent; ceux qu'ils veulent renverser, tombent. Aussi leur grandeur est au comble. Puis l'auteur trace en trois versets le portrait de ce peuple étonnant. « Parmi eux aucun ne porte le diadème, aucun ne revêt la pourpre pour se glorifier. Ils se sont fait un sénat et chaque jour ils consultent les trois cent vingt qui tiennent perpétuellement conseil sur la multitude afin qu'il ne se fasse rien qui ne soit digne. Et chaque année ils confient le pouvoir à un seul qui domine tout leur territoire, et tous obéissent à un seul et parmi eux il n'existe ni envie ni jalousie. »

Il est vrai que Rome était gouvernée par deux consuls, mais en fait le plus souvent l'un des deux se trouvait comme annulé par la supériorité de l'autre, et c'était surtout alors que Rome se montrait grande.

Il est vrai encore que la jalousie et l'envie ne déchirèrent que trop souvent l'intérieur de la République ; mais au moment du péril, le peuple oubliant ses tribuns se tournait vers le sénat. Ces intrépides vieillards sont au-dessus de toutes les craintes et de toutes les passions. Populace et tribuns, Gaulois et Carthaginois, Annibal et Pyrrhus, rien n'émeut ces vieux guerriers, ces graves consulaires, habitués aux luttes de la parole aussi bien qu'à celles de l'épée ; et ce qui sort de leurs délibérations est digne d'un peuple fort et magnanime. Aussi par la sagesse de leurs conseils et par leur invincible patience ils ont pris possession de tous les pays : *Et possederunt omnem locum consilio suo et patientia.*

Quant à l'obéissance au magistrat, elle est incontestable. Les exemples surabondent. L'obéissance au consul, la dignité du sénat, l'autorité respectée et se respectant elle-même, tel fut pour Rome le principe de la force et de la grandeur. Ses tribuns ne servirent qu'à retarder son ascension et à précipiter sa décadence. Rome ne grandit que par son sénat et ses consuls. Un jour viendra où l'*Imperator*, le général victorieux, prendra la place du consul. Ce jour-là il n'existe plus, sauf pour la forme, ni peuple ni sénat romain ; il n'y a plus de Rome. La puissance est là où se trouve l'*empire* c'est-à-dire le *commandement militaire*, et par conséquent là où se trouve le général et son armée. Pour être Rome, Rome ne doit être ni tribunitienne ni impériale. Née pour être libre et forte, elle ne peut vivre ni sous le despotisme des Césars : que ces Césars se nomment Auguste, Néron, ou Dioclétien, ou qu'ils s'appellent Henri ou Frédéric ; elle ne peut vivre sous le régime violent des tribuns : que ces tribuns soient des Clodius, des Catilina, ou des Rienzi, des Arnaud ou des Mazzini. Constantin, Théodose, Charlemagne se gardèrent bien de résider à Rome. La Rome des consuls ne peut être remplacée que par la Rome des Papes.

Assez sur le gouvernement de Rome, passons à son histoire, et voyons comment elle s'avance à la conquête du monde.

Issue d'Albe la Longue, Rome rencontre de ce côté une première borne qui devait l'arrêter. Albe succombe et Rome l'absorbe. Le Romain n'exterminait pas ; il ne renversait que les murailles. Il dévorait, comme il est dit de la quatrième bête de la vision de Daniel. Il s'assimilait les vaincus et les transformait en Romains.

Les uns après les autres tous les voisins auront le même sort : Herniques, Volsques, Èques, Rutules, Véiens, Latins, Etrusques, Samnites, Tarentins, toute l'Italie est devenue romaine, sauf le Nord. Là, se tiennent les Gaulois qui de là feront encore trembler Rome, au temps où déjà Rome fait trembler la haute Asie.

En attendant qu'elle remonte jusqu'aux Alpes et au delà, Rome descend vers le sud et franchit le détroit. Mais ici, le fer va heurter l'or, le peuple laboureur et soldat va rencontrer le peuple marchand, les fils de Japhet vont lutter contre les fils de Cham et de Chanaan.

Plus vieille que Rome de cinq siècles, Carthage, colonie de la fameuse Tyr, après s'être fortement établie en Afrique, avait occupé presque tous les rivages de la mer comprise entre l'Espagne et l'Italie. La Bétique, les Baléares, la Sardaigne, la Corse, Mélite (Malte) et la Sicile lui obéissaient déjà aux temps où Rome était encore aux prises avec ses petits voisins. Couverte de colonies grecques, la Sicile se souleva souvent et ne fut jamais soumise tout entière. Ce fut là que Rome aborda Carthage. Régulus fut le héros de la première guerre punique. Vainqueur d'abord, puis vaincu par un grec envoyé comme général aux Carthaginois, le vertueux romain, victime de sa fidélité à son serment, périt dans un affreux supplice. La cité marchande ne respecte ni la vertu ni l'honneur. Elle tombera. Dès cette première rencontre, le résultat final fut heureux pour les Romains. La Sicile carthaginoise leur resta.

Mais Carthage enfin donne le jour à un héros. Annibal a juré haine au nom romain. Parti du fond de l'Espagne, il marche droit sur Rome. Sagonte, l'héroïque alliée des Romains, pourra bien le retarder, mais elle ne l'arrêtera pas. Il a franchi l'Elbe, les Pyrénées, le Rhône, les Alpes. Le Tésin, la Trébie et le lac de Trasimène ont vu les légions romaines disparaître sous les coups du Carthaginois. Seul, par ses lenteurs, le sage et ferme Fabius déconcerte un instant les espérances du vainqueur. Mais après l'effroyable désastre de Cannes, c'en était fait de Rome, si Rome eût été capable de se décourager, et si Capoue n'eût endormi les soldats d'Annibal. Les deux Scipions raniment la guerre en Espagne ; Fabius et Marcellus, en Italie, se font l'un le bouclier, l'autre le glaive de Rome. Ce dernier pousse jusqu'en Sicile où il triomphe de Syracuse, malgré le génie d'Archimède.

Cependant Annibal va reprendre l'avantage. Les deux Scipions viennent de succomber en Espagne. Mais l'un d'eux laissait un fils qui, encore enfant, avait, à la bataille du Tésin, sauvé la vie à son père ; qui, adolescent, avait ramassé les débris de la déroute de Cannes; qui, jeune homme, s'offrait à remplacer en Espagne son père et son oncle.

A son arrivée, tout change en Espagne ; le boulevard de la puissance punique en ce pays, Carthagène tombe entre ses mains. Sourde aux réclamations de la jalousie, Rome élève au Consulat le brillant vainqueur d'Asdrubal. Par un coup hardi, le nouveau consul transporte la guerre sous les murs de Carthage. Annibal est rappelé et, frémissant de douleur, il quitte l'Italie. Le sort des deux cités et peut-être du monde se décide à Zama, où, pour la première fois, l'habile capitaine est vaincu par un jeune homme. C'est que la partie n'était pas égale. Carthage, ne comprenant pas son Annibal, l'avait constamment entravé. Annibal fut seul contre Rome, seul avec son génie et avec son caractère, tandis que Carthage s'annulait par l'opposition constante des factions. Scipion, il est vrai, eut à vaincre l'envie qui s'attache au mérite supérieur ; il sut la dédaigner, et par ce dédain sublime autant que par sa victoire sur Annibal, par la puissance du génie comme par la sereine hauteur du caractère, il fut le plus grand des Romains. César seul pourrait lui être comparé, mais César se dégrada par la licence de ses mœurs, et par son ambition il se perdit en perdant sa patrie. Scipion ne voulut que servir, il n'aspira pas à régner. César flatta le peuple pour s'en faire un escabeau contre le sénat; Scipion, républicain sincère, fut aristocrate et populaire sans être démagogue. Aussi les tribuns que toute grandeur offusquait, déployèrent-ils contre lui toutes les tracasseries de l'envie; mais l'aigle passe et emporte la toile de l'araignée. Outre les tribuns, Scipion eut deux ennemis : Fabius Maximus *Cunctator* et Caton le *Censeur*. Ceci s'explique. Le vieux temporisateur fut ébloui par la foudroyante rapidité de l'Africain. L'austère et rude censeur ne put souffrir l'éclat d'une vie où son esprit sévère ne trouvait rien à reprendre. La prudence et la critique ont peine parfois à comprendre le génie.

On a vu comment Philippe III de Macédoine, s'étant permis de seconder Annibal, perdit à la bataille des monts Cynoscéphales, la royauté qu'il exerçait sur la Grèce entière.

Cependant Annibal, aussi grand dans la paix que dans la guerre, relevait rapidement la fortune de Carthage. Rome s'inquiète et exige des Carthaginois l'exil d'Annibal. Celui-ci se réfugie auprès d'Antiochus le Grand, roi de Syrie. Ce prince avait secouru Philippe de Macédoine contre les Romains; pour ce fait et pour l'asile accordé à l'ennemi juré de Rome, il sera refoulé par les Scipions au-delà du Taurus.

C'est dans cette expédition que l'on a supposé une entrevue entre Annibal et Scipion l'Africain, qui servait de lieutenant à son frère auquel il fit gagner le surnom d'Asiatique. Dans cette conversation, il eut été question de savoir quels étaient les plus grands hommes de guerre. Annibal mit au premier rang Alexandre le Grand, au second Pyrrhus. Et au troisième, demanda

Scipion? — Moi, reprit Annibal. — Et que diriez-vous donc, reprit Scipion, si vous m'eussiez vaincu? — Je me serais mis le premier, répondit Annibal. — Admirez ce que peut un seul homme ! Rome ne vit pas tant qu'Annibal respire. Elle le poursuivra d'asile en asile, jusqu'à ce que, menacé de leur être livré, le formidable ennemi des Romains les délivre de sa personne en se donnant la mort.

Persée, successeur de Philippe, osa secouer le joug de Rome. Ses débuts furent heureux, car alors, sous l'inspiration de ses tribuns, le peuple élisait des consuls médiocres, qui se laissaient battre. Et cependant Rome possédait un grand homme. Enfin elle recourut à son génie. Paul Emile fut élu consul, Persée fut vaincu et, peu après, la Macédoine devint province romaine.

Carthage était toujours un souci pour les Romains. Il fallut toutefois le perpétuel *delenda Carthago* de Caton pour décider sa ruine. Un fils de Paul Emile, petit-fils par adoption du premier Africain, Scipion Émilien, fut envoyé contre Carthage. L'héroïsme de la défense prouva que Rome avait quelque raison de redouter son antique rivale. Le second Africain n'était pas un Caton; il pleura sur la ville infortunée qu'il avait ordre de détruire.

Ce n'était pas sans résistance que les peuples devenaient romains. La Grèce, l'Espagne avaient peine à se voir rayer de la liste des nations. Corinthe fut le dernier boulevard de l'indépendance des Grecs. Elle tomba, et la Grèce devint province romaine. En Espagne, un berger, nommé Viriathe, tint les Romains en échec pendant neuf ans, et la ville de Numance résista jusqu'à l'arrivée du second Africain qui en quelques mois termina un siége de dix ans.

Ces guerres eurent du moins l'avantage de retarder les luttes intestines qui devaient aboutir à la transformation de la république en empire. Jugurtha occupa Marius et Sylla. Les Cimbres et les Teutons rehaussèrent la gloire de Marius. La révolte de l'Italie contre Rome suspendit la rivalité de ces deux hommes. Mais enfin, tandis que Sylla combat le redoutable Mithridate, ce digne émule d'Annibal, qui fut le dernier défenseur de l'Asie contre Rome, Marius établit son pouvoir sur les débris sanglants de la faction de son rival. Mais au retour de Sylla, la scène change. Marius fuit et Sylla montre que Rome peut supporter, non-seulement un maître, mais un tyran.

L'heureux Pompée se donne la gloire facile de terminer des guerres commencées par des généraux, plus habiles peut-être comme guerriers, mais moins agréables comme politiques. La trahison et l'assassinat lui livrent Sertorius ; les esclaves, les pirates, Mithridate, tous les ennemis de Rome sont censés vaincus par Pompée, qui règne sous le nom de *Grand*.

César entendait régner autrement. Il entreprit de résumer Marius et Sylla. Né patricien, il se fit plébéien. Peuple et Sénat, tout lui servira pour monter. Cet homme, d'ailleurs, réunissait tous les traits de la grandeur, un seul excepté ; mais ce trait, le seul qui lui manqua, était précisément celui sans lequel toute grandeur est fausse et toute gloire est vaine. César n'eut pas cette vertu morale qu'on retrouve parfois même chez les païens. Pour le reste, il est complet. En lui l'intelligence et la volonté se répondaient. Égal à Cicéron par l'étendue de l'esprit, il ne le cédait pas à Caton par la fermeté du caractère. Génie universel, il fut orateur et guerrier, historien et politique. Les sciences et les lettres lui furent pareillement familières. Agissant par inspiration autant que par calcul, rapide comme l'éclair et patient comme le roc, d'une audace qu'aucun obstacle ne déconcerte, d'une constance qu'aucun revers ne décourage, généreux, clément, magnanime, le plus grand des Romains, s'il n'eut pas été le plus ambitieux, — voilà pour l'homme public, — s'il n'eût pas été le plus dissolu, — voilà pour l'homme privé, — César eut mieux aimé être le premier dans le dernier hameau des Alpes que le second à Rome.

Il parviendra; car sous sa main tout devient instrument, et sous son pied tout devient escabeau : et l'opulence de Crassus, et le nom de Pompée, et le complot de Catilina, et les intrigues de Clodius, et l'éloquence ainsi que l'amitié de l'honnête Cicéron.

Un seul homme lui résiste : c'est Caton, dont la farouche vertu rappelle le Censeur. Mais que peut l'austérité stoïque contre le génie le plus souple et le plus hardi, contre le caractère le plus facile et à la fois le plus résolu ?

Déjà Rome domine le monde civilisé. Mais elle s'est arrêtée devant deux peuples. A l'Orient, ce sont les Parthes qui, depuis quelque temps, ont subjugué les Perses. La domination romaine s'étend si loin de ce côté qu'il ne peut y avoir qu'imprudence à se brouiller avec les Parthes. Le riche Crassus aspire à partager les honneurs de la gloire militaire avec ses deux collègues dans le triumvirat que l'habile César a formé pour s'élever lui-même aux dépens de l'un et de l'autre. Jouet de la perfidie des Parthes, il périt avec son armée.

Plus près, au nord de l'Italie, derrière les Alpes, les Gaulois sont libres. Rome ne possède en Gaule qu'une simple province. Cette modeste conquête suffit au sénat. Mais César a besoin d'un marchepied pour s'élever plus haut que l'heureux Pompée. La Gaule sera cet escabeau. Pour soumettre nos aïeux, il lui faudra neuf ans et tout son génie. Ou plutôt, s'il sort vainqueur de cette longue bataille, il le doit moins encore à la supériorité de la tactique militaire qu'à cette politique, plus ancienne que Machiavel, qui divise pour commander.

Et maintenant, le dé est jeté, César passe le Rubicon.

Ce ruisseau est bien peu de chose, mais il marque la limite que le commandant des Gaules ne peut franchir en armes. Passer le Rubicon, c'était, pour César, lever l'étendard du rebelle.

A cette nouvelle, Pompée, le seul contre qui marche César, Pompée quitte Rome. Il pouvait se retirer, il n'était pas la patrie. Mais les Consuls le suivirent. Quand on est chargé du pouvoir, on meurt à son poste. Les Consuls devaient rester à Rome. Suivre Pompée, c'était déclarer que Rome, autrefois république, aujourd'hui reconnaissait un maître supérieur à ses premiers magistrats, et que, aujourd'hui, ce maître se nommait Pompée. Pourquoi demain ne s'appellerait-il pas César ? Ce changement se fit à Pharsale.

Puis, rapide comme l'éclair, le foudroyant César

soumet l'Asie, l'Afrique, l'Espagne. La victoire de Munda fut le coup de grâce pour le parti de Pompée. Maître enfin à Rome et seul maître, le vainqueur de la Gaule et de Pompée peut donner un libre essor aux grands desseins de son génie. Il vengera, sur les Parthes, la défaite de Crassus, il relèvera l'antique Ilion, et Rome recevra une constitution qui, vérifiant un vieil oracle, en fera la ville éternelle. Mais ce n'est pas à la Rome des Césars qu'est promise l'immortalité. L'avare Cassius et le stoïcien Brutus, sous le prétexte de rétablir la république, s'associent une troupe d'assassins et sous leurs coups tombe le seul homme qui put alors soutenir la grandeur romaine. Une cause est perdue quand elle a recours au poignard, car le poignard est l'arme de ceux qui ne peuvent ou qui n'osent attaquer en face, c'est l'arme du faible et du lâche. Les deux chefs du complot, par un suicide non moins lâche que l'assassinat, vengeront de leur propre main un crime funeste à Rome et inutile à la cause de la république. Un politique recueillera l'héritage du génie. La bataille d'Actium lui livrera la plénitude d'un pouvoir qui désormais s'appellera le commandement militaire et victorieux, ou l'*empire*. (*Imperator*, général victorieux.)

Dans ces derniers temps de la république, on vit encore un homme honnête. Ce fut Cicéron, le prince des orateurs. Défenseur sincère de la patrie, il combattit toutes les tyrannies et toutes les révolutions. Il fut l'adversaire des Catilina et des Clodius, et s'il fut l'ami de Pompée et de César, si même il les exalta l'un et l'autre, ce fut pour obtenir leur concours au bien public; il s'opposa toujours à leurs excès. Il suivit Pompée, mais avec Pompée se trouvaient les consuls. Si, dans le discours pour Marcellus, il enveloppa César d'un flot de louanges, ce fut pour amener le courageux : *Constitue rempublicam*, qui est le terme et le but de cet habile panégyrique. Il n'eut pas la faiblesse de se tuer, comme le stoïque Caton d'Utique. On le savait trop timide, mais aussi trop honnête, pour lui faire part du complot contre César. Mais il fut le seul à profiter de cette catastrophe, et il est le dernier qui ait tenté un effort sérieux pour rétablir à Rome la vraie république. Il fut joué par Octave, puis abandonné par ce jeune homme et livré à la vengeance d'Antoine qui ne pouvait lui pardonner la vérité des Philippiques. Ce n'est pas un déshonneur que d'être trompé par l'habileté. L'homme droit est facilement le jouet du fourbe. Cicéron mourut bravement. Il tendit la tête aux assassins qui le poursuivaient de la part d'Antoine.

Puis Octave joua Antoine et il régna. Il mourut dans son lit ; mais avant de mourir, il put entrevoir dans sa propre famille et surtout dans son successeur les vengeurs des crimes que lui avait commandés la politique.

Ici, recueillons-nous, et jetons un coup d'œil sur l'époque qui clot à Rome l'ère de la république. Tous les genres de grandeur s'y trouvent réunis.

Au dessus de toutes les gloires romaines plane le génie de la guerre. Que Rome lutte au dehors, ou qu'elle se déchire au dedans, elle ne cesse de produire de grands guerriers. Généralement, les Romains ne sont vaincus que par des Romains. S'il se rencontre quelque chef qui n'ayant d'autre mérite que la brigue et la faveur, se laisse vaincre par l'ennemi du dehors, il suffit que Rome se réveille et rende le commandement à l'un de ses grands capitaines, le dénouement de la guerre est toujours à son avantage. En ces derniers temps, on a vu sortir de l'école des Marcellus, des Fabius et des Scipions, les Métellus, les Marius, les Sylla, les Sertorius, les Lucullus, les Pompée; César les efface tous.

La parole, cette autre puissance qui, depuis cinq siècles, gouverne Rome, atteint la perfection sur les lèvres de Cicéron. César pouvait être son rival; mais il agissait plus qu'il ne parlait.

Auguste recueillit toutes ces gloires; ce fut pour leur ouvrir un tombeau en fermant le temple de Janus. L glaive rentra dans l'ombre et la parole dans le silence L'histoire et la poésie qui, chez les Grecs, avaient atteint leur apogée avant l'éloquence, profitèrent de la paix, l'une pour raconter les gloires du passé, l'autre pour les chanter.

Déjà Salluste, flétrissant deux scélérats, avait flétri la Rome de son temps, Rome d'où un Jugurtha sortait en disant: « Ville à vendre, il ne te manque qu'un acheteur» ; Rome qui avait mis au jour un Catilina et qui lui avait donné des complices. Et quels complices! On sait que Catilina fut défendu par César!

Cornélius Nepos avaient appris aux Romains qu'ailleurs il y eut aussi des hommes forts et grands.

Quinte-Curce leur fit connaître cet Alexandre dont aucun Romain ne dépassa le génie et la grandeur d'âme, pas même César.

Celui-ci n'aura d'autre historien que lui-même. Par de simples mémoires il sera le Xénophon latin.

Tite-Live, bien qu'écrivant sous Auguste, raconta la grandeur de l'ancienne Rome et d'une république qui n'était plus.

L'histoire du peuple romain est finie. Ce peuple, selon le vœu de l'un de ses tyrans, n'a plus qu'une tête : cette tête se nomme César. Les Césars absorbent tout. Très-peu rappelleront le génie du premier, beaucoup dépasseront l'infamie de ses mœurs. Deux historiens suffiront à l'empire : l'un, l'indifférent et impassible Suétone, pour en exposer les ignominies; l'autre, l'honnête et implacable Tacite, pour les flétrir.

Virgile, cependant, surpassait Théocrite dans le genre pastoral et il s'efforçait, dans le genre épique, d'atteindre Homère. Mais quand le temple de Janus est fermé, la poésie est trop calme.

Horace balance entre Épicure et le Portique; il suit de loin Pindare et rappelle plus souvent Anacréon.

Plaute et Térence avaient rivalisé avec Aristophane et Ménandre ; Phèdre imite Esope, sans le copier; Catulle, Tibulle, Properce, Ovide, Martial, Juvénal et Perse grossissent le cortége.

La philosophie est représentée par Cicéron et par Sénèque. Mais le premier ne pense point par lui-même. Il n'est que l'écho intelligent et harmonieux de la sagesse des Grecs. Le dernier est surtout moraliste. Ni l'un ni l'autre n'élèvent un édifice doctrinal.

Le génie grec a imposé au monde les idées; il s'est imposé comme modèle. La philosophie oscillera toujours entre le sublime et hardi Platon et le profond et sage Aristote. L'éloquence et la poésie s'écarteront peu de l'idéal montré par les Démosthène et par les Homère. Le génie chrétien y ajoutera le surnaturel, mais le surnaturel suppose la nature et ne l'abolit pas. Aussi le caractère chrétien rappellera en le surpassant ce qu'il y eut de grand et de fort dans le caractère romain.

Née pour commander, Rome a imposé sa loi, son code, son droit. Le droit romain sera d'abord le droit du monde, puis réformé peu à peu mais non effacé, il deviendra le droit chrétien. *Regere imperio populos.* Les Assyriens, les Perses, les Grecs subjuguaient les peuples ; ils ne les transformaient pas en Assyriens, en Perses, en Grecs. Rome, nous l'avons dit, Rome dévore et s'assimile tout ce qu'elle absorbe ; elle ne souffre que des Romains. Elle ne connait pas d'autre droit, elle ne connait pas d'autre monde que le droit romain et le monde romain.

Or le Romain sait ce qu'il veut, et ce qu'il veut il le veut toujours. Avant d'entreprendre il délibère. L'entreprise commencée, rien ne saurait déconcerter sa patience : *Et possederunt omnem locum consilio suo et patientia.* Sagesse et constance, rien ne résiste à ces deux forces qui sont précisément la perfection la plus haute de l'intelligence et de la volonté. Rome a donc réalisé son plan. L'aigle romaine couvre de ses ailes le monde civilisé d'alors, elle le tient dans ses fortes serres. — La quatrième bête de la vision de Daniel a dévoré les nations.

Mais voici l'instant solennel où la chaîne des siècles va se briser en deux. Qu'ai-je dit? Se briser. C'est souder qu'il fallait dire : *Faciens utraque unum.* Dans les systèmes de montagnes il existe un sommet qui domine tous les autres et qui sépare la chaîne en deux séries qu'il unit en se les rattachant à lui-même. Ainsi dans la série des grands hommes, il en est un qui est le grand par excellence : *Hic erit magnus ;* qui seul est le Très-Haut : *Tu solus altissimus.* Nous voici enfin arrivés au pied de ce sommet qui sépare et qui unit l'ancienne et la nouvelle série des siècles : avant de tenter l'ascension retournons-nous, et jetons un regard d'ensemble sur la suite des cimes que nous avons parcourues.

V

Dieu n'a qu'une idée, idée éternelle, immuable, infinie, comme son essence et comme son être. De toute éternité il se dit à lui même son idée et par là il engendre une parole éternelle, immuable, infinie, qui est son Verbe, son Image, son Fils.

Le monde, les atomes aussi bien que les esprits, les soleils aussi bien que les anges, déclarent et reflètent l'idée divine : *Cœli enarrant gloriam Dei.*

Résumé de la création spirituelle et matérielle, l'homme est un reflet de l'image, un écho de la parole qui est le Verbe et le Fils de Dieu ; car le Créateur a dit : Faisons l'homme à notre image.

Le serpent croyait mentir quand il dit à la femme : Vous serez comme des dieux. Il n'a menti qu'à lui-même. L'homme ne sera pas seulement comme Dieu, mais dans la personne de Jésus-Christ Dieu fait homme, il sera l'Homme-Dieu.

Vainement l'esprit-serpent se dresse pour déconcerter le plan divin ; la femme lui écrasera la tête.

Vainement sous l'influence du maudit toute chair a corrompu ses voies; le déluge purifie la terre, en noyant tout, sauf le juste.

Après comme avant le déluge le plan infernal se réduit à ce procédé: faire prévaloir la chair sur l'intelligence, la force brutale sur la vertu, le nombre sur l'élite. Le suffrage universel n'est point une absurdité moderne.

Depuis longtemps l'esprit du monde ou de l'enfer (c'est tout un) se nomme Babel et Nemrod.

Babel, premier chef-d'œuvre du suffrage universel, veut dire confusion. C'est la fusion libérale du vrai et du faux, du bien et du mal; c'est le communisme ou le socialisme, c'est à-dire, la confiscation de tous les biens et de tous les droits individuels au profit de la masse d'abord, puis de Nemrod, dont le nom signifie: Soyons rebelles. Nemrod est donc la Révolution qui pourra s'appeler la Convention ou la Commune, mais qui finira toujours par se personnifier dans un seul homme nommé César ou Napoléon

Cependant si Babel signifie Confusion, il signifie également Vanité, Néant. Donc rassurons-nous. Babel ne prévaudra pas. Babylone sera la verge qui châtiera Jérusalem; mais Jérusalem se relèvera, et Babylone tombera pour ne plus se relever.

Autrefois, comme aujourd'hui, Dieu parut laisser l'empire à Satan. Ce fut au point que, de bonne foi, Satan se dit naïvement le prince du monde. « Voyez, dit-il, les royaumes de la terre, je les donne à qui je veux, je les donne à qui m'adore. »

Avant Jésus-Christ, quatre empires se levèrent et menacèrent tour à tour d'écraser le peuple de Dieu ;

mais Dieu se servit de chacun d'eux pour préparer le règne de son Fils.

Le premier, celui de Nabuchodonosor, chargé de châtier les Juifs coupables, ne fit, en les dispersant, que répandre de toutes parts la notion du vrai Dieu et l'espoir d'un Sauveur.

Le deuxième, celui de Cyrus, rétablit Jérusalem et le Temple.

Le troisième, celui d'Alexandre, par la domination du génie et de la parole, disposa les peuples aux enseignements du Verbe et de l'Esprit divin.

Mais le quatrième, celui de Rome, concentré dans un seul homme, absorba le monde civilisé. Alors enfin Satan triompha.

Il ne restait plus au Dieu qui allait se faire homme qu'un coin de terre nommé la Judée. La cité de David s'est embellie de deux nouveaux palais qui accusent la présence de deux maîtres nouveaux : ce sont les palais d'Hérode et de Pilate, l'un et l'autre, sous des noms différents, serviteurs de César. Le sceptre est tombé des mains de Juda. Sur la terre il n'existe plus de peuple de Dieu. De même aujourd'hui, depuis l'entrée des subalpins à Rome, en 1870, il n'existe plus au monde une seule nation qui, comme telle, soit une nation catholique.

Mais voici que, sans aucun secours humain, une pierre se détache de la montagne.

Un enfant nait dans une étable, il grandit dans un atelier. Il parle, et le peuple s'écrie : Jamais homme n'a parlé comme cet homme. En effet, il béatifie ce que le monde maudit ; il maudit ce que le monde admire. — Il fait le bien, et le peuple s'écrie : Il a bien fait toutes choses : *Bene omnia fecit*. C'est trop de popularité. Il comparaîtra devant les deux plus hautes puissances qui soient au monde.

Devant le grand-prêtre, devant Caïphe, interrogé s'il est le Christ, Fils du Dieu vivant, il répond : Je le suis, *Ego sum*.

Devant le lieutenant de César, devant Pilate, interrogé s'il est roi, il répond : Je le suis, *quia rex sum ego*.

Caïphe le déclare digne de mort. Hier le peuple le recevait au cri de Hozanna ! aujourd'hui le peuple le rejette au cri de *crucifigatur :* à la croix. Telle est la haute sagesse du peuple souverain ! Telle est l'infaillibilité du suffrage universel !

Pilate le reconnaît et le déclare juste et innocent. Mais Pilate est politique Par un de ces coups de force qu'on peut encore admirer au dix-neuvième siècle, Pilate livre le juste à la merci du peuple ameuté par les pontifes.

Cloué à la croix, le juste, le libérateur, le roi, le Christ meurt de la mort infâme et cruelle du bandit et de l'esclave.

Caïphe et Lucifer ont triomphé.

Puis un pêcheur de la Galilée se rendit à Rome. Il y annonça que le crucifié du Calvaire était le Christ, le roi du monde. Ce pêcheur à son tour fut crucifié. — Quand il fixa Pierre à la croix, César ne se doutait pas que, du même coup, il fixait à Rome le trône de Celui dont le berceau fut une crèche et le lit funèbre une croix.

Le monde semble épuisé après avoir produit Rome. Rome est épuisée après avoir produit César. César donnera son nom à la force humaine élevée à sa plus haute puissance. Mais César s'éclipse devant Pierre. Car Pierre est le nom propre d'une puissance devant laquelle toute autre puissance doit s'incliner ou disparaître. Comprenez, ô rois ! *Reges, intelligite.*

L'histoire n'offre pas un autre siècle qui ait vu deux puissances comme César et comme Pierre.

Or, au-dessus de César et de Pierre, ce même siècle a vu le Sauveur, le Libérateur et le Maître, le Roi et le Prêtre, le Christ Jésus.

Sans le savoir, César lui préparait l'escabeau ; le sachant, Pierre lui soumet les nations.

Et si toutes les grandeurs humaines parviennent alors à leur apogée, on dirait que ce fut pour s'effacer devant les grandeurs qui tiennent à l'Homme-Dieu.

Les conquêtes d'un César sont dépassées dans tous les sens par celles des envoyés du Fils de l'Homme. La philosophie et l'éloquence d'un Cicéron se taisent devant la sagesse et la parole de ces hommes simples qui ne furent que les échos de la sagesse éternelle du Verbe incarné. L'histoire du peuple-roi, même lorsqu'elle apparait rehaussée par la poésie d'un Virgile, languit auprès des simples récits de l'Évangile, des Actes des Apôtres et du tableau des siècles à venir que saint Jean a tracé dans son Apocalypse.

L'Enfant de Bethléem, le Crucifié du Calvaire domine tout. L'ange l'avait annoncé à la Vierge Immaculée qui seule déjà suffirait pour faire de cette époque le sommet des siècles : Il sera le grand : *Hic erit magnus.*

Évidemment il sera grand par excellence le siècle qui a vu naitre, mourir, revivre et régner Celui qui est par excellence le Grand.

Il est vrai que désormais avec le Roi des siècles tout va grandir. La lutte va prendre des proportions de plus en plus formidables. Le prince du monde met en ligne toutes ses forces. On peut dire en effet que ces chefs victorieux, ces commandants suprêmes, ces *imperatores*, qui se succèdent depuis Auguste jusqu'à Maxence, sont presque tous les lieutenants généraux de Lucifer. Un coup d'œil sur la galerie impériale suffira pour s'en convaincre et pour faire ressortir la puissance qui, après trois siècles de patience, a fini par l'emporter.

Depuis Auguste, le premier *Imperator*, jusqu'à Constantin, on compte cinquante-trois Césars. Sur ces cinquante-trois empereurs, douze à peine finissent par la mort naturelle, quarante-et-un périssent par le poison ou par le fer. On peut déjà reconnaître ici la main de Satan qui n'élève que pour renverser. Mais il est d'autres signes de l'intervention diabolique.

Sur ces cinquante-trois souverains, quatorze seulement régnèrent avec honneur. Ce furent Vespasien, Titus, Nerva, Trajan, Adrien, Antonin, Marc-Aurèle, Pertinax, Alexandre Sévère, Gordien III, Claude II, Aurélien, Probus, Constance Chlore. Ce qui donnerait cent trente-neuf ans d'un gouvernement passable. Dans cette durée, on ne comprend pas les quatorze ans de Constance Chlore, parce que ce prince ne gouverna qu'une partie de l'empire. Sur ces cent trente-neuf années de calme intérieur, on devrait retrancher le temps de la persécution contre les chrétiens sous les Trajan, les Adrien, les Marc-Aurèle et les Aurélien. Mais nous consentons à faire ici abstraction des chrétiens. Ce fait cependant montre que les princes païens les plus honorés semblent marqués d'un trait infernal.

Sur ces quatorze princes, les meilleurs de cette impériale série, quatre sont tués précisément pour le bien qu'ils veulent faire. Ce sont Alexandre Sévère, Gordien III, Pertinax et Probus.

Nous n'avons nommé ni Tacite, ni les deux premiers Gordiens, ni Puppien, ni Balbin. Ils n'eurent que le temps de montrer leurs bons desseins. Cette seule manifestation fut l'arrêt de leur mort. L'enfer est encore là ; à ces coups on reconnaît son empire.

Auguste et Septime Sévère, avec toute leur habileté, ne peuvent pas compter parmi les bons princes. Uniquement préoccupés de leur grandeur personnelle, ils ne comprirent pas que la gloire du souverain s'identifie avec celle des peuples ; ils ne prirent pas même la peine de paraître soucieux du bien public.

Oublions et ce vieil avare nommé Galba, et ce Didius Julianus assez riche pour acheter l'empire. Plaignons en passant Géta et Numérien. Une mort violente ne leur permit pas de faire entrevoir ce qu'ils eussent pu devenir

Philippe l'Arabe était chrétien, mais parvenu à l'empire par le meurtre, il se voit exclu de la communion par un courageux évêque ; du moins il donne l'exemple de la soumission du prince au prêtre.

Dèce et son fils Hostilien, Gallus, Émilien, Valérien se renversent les uns les autres. Gallien, tout entier à ses débauches, ouvre l'époque des trente tyrans qui, toutefois, ne furent ni trente ni tyrans.

Avant de clore la galerie par la liste de ceux des

Césars en qui tout fut monstrueux, il faut bien cependant rayer du registre des princes honnêtes les noms de ceux qui condamnèrent à mort, et à la mort la plus cruelle, des hommes dont le crime unique était d'adorer le vrai Dieu et de pratiquer toutes les vertus. Or, le catalogue des persécuteurs est long et l'on y voit figurer les sages et les héros du paganisme à côté de ce que le monde a produit de plus insensé et de plus dépravé. Les voici d'après l'ordre des temps : Néron, Domitien, Trajan, Adrien, Marc-Aurèle, Commode, Septime-Sévère, Maximin, Dèce, Valérien, Aurélien, Dioclétien, Maximien, Galère, Maximin Daia, Maxence.

Enfin, quel empire que celui qui mérita et qui supporta Tibère, Caligula, Claude, Néron, Othon, Vitellius, Domitien, Commode, Caracalla, Héliogabale, Maximin, Maximien, Galère, Maxence ! Ce qui donne cent vingt-huit ans de la plus effroyable et de la plus ignoble tyrannie.

Satan a donc pu se dire le prince du monde. Il en tenait l'empire. S'il n'a pas réussi à le garder, on peut croire qu'il lui sera difficile de le reprendre. Si alors que les tout-puissants de la terre ne semblaient régner que par lui et pour lui, il se trouva trop faible contre l'Église naissante, il est permis de penser que contre cette Église devenue si grande et si forte il ne prévaudra pas. Avertissement aux Césars de tous les temps, à ceux qui les mènent comme à ceux qui les suivent contre le Seigneur et contre son Christ.

V

Jetons encore un coup d'œil en arrière, et de la hauteur de cette montagne qui est le Christ, mesurons les sommets que nous avons parcourus. D'abord c'est Adam, la chute de l'homme et la promesse d'un Sauveur ; puis Noé, l'arche et le déluge, ou la figure du Juste sauvant les élus par l'Église ; puis Abraham, en qui seront bénies toutes les nations ; puis Moïse et Pharaon, la mer Rouge et la loi du Sinaï ; puis David, Salomon et le temple, figure de l'Église ; puis Nabuchodonosor et Cyrus, devenus grands l'un et l'autre, le premier pour châtier le peuple qui doit donner le Sauveur, le second pour le relever ; puis Alexandre et les Grecs qui, par les conquêtes du génie, préparent les intelligences à recevoir les échos du Verbe incarné ; enfin Rome et César, chargés de préparer la capitale nouvelle du Roi des rois.

Les envoyés de Jésus-Christ s'avancent. Ils réclament la soumission de toute intelligence et de toute volonté; ils attaquent, non l'une après l'autre mais à la fois, toutes les erreurs et toutes les passions. On s'explique la terreur des sophistes et des césars ; on conçoit la fureur, le frémissement universel de tous les esclaves de la cupidité, de la volupté, de l'ambition, de ceux qui portent la chaîne d'or comme de ceux qui portent la chaîne de fer. On peut en juger d'après les transes et les rages des hommes, grands ou petits, qui de nos jours se sont donné la mission de leur succéder. Le génie grec et la force romaine se sont donc tournés contre l'Évangile et contre l'Église. Les sophistes et les politiques, les césars et les peuples se sont ligués, et la lutte a duré trois cents ans. Quelle sera l'époque préparée par un tel combat ? Ce sera l'ère des Constantin et des Théodose, des Athanase et des Chrysostome, des Augustin et des Léon le Grand.

Soudain la croix brille dans les airs. C'est le signe de la victoire ; mais pour cela même c'est le signal d'un effort suprême. L'enfer et le ciel mettent en ligne des hommes dont les pareils n'avaient pas encore été vus.

Vainqueur par la Croix, Constantin s'incline devant le représentant de Celui qui vient de lui assurer l'empire, et en retour il donne à l'Église la paix et liberté.

Mais pour être toujours triomphante, l'Église doit toujours être militante. A peine le fer a-t-il cessé de frapper, que l'hérésie, née dès les premiers jours du christianisme, prend des proportions effrayantes. Tous les articles du *credo* seront attaqués l'un après l'autre.

L'unité de Dieu et la création avaient rencontré l'opposition du polythéisme et du panthéisme ; la Trinité est niée par Sabellius, la divinité de Jésus-Christ l'est par Arius, la divinité du Saint-Esprit, par Macédonius. Nestorius divise Jésus-Christ en deux personnes, et refuse à Marie l'honneur de la maternité divine. Eutychès, au contraire, confond les deux natures en une seule. Pélage niant le péché originel et la nécessité de la grâce, nie par là-même, la nécessité d'un Sauveur. Enfin dans un seul personnage, l'enfer unit le César et le sophiste, le politique et le rhéteur, et tout à coup, au plus fort de la mêlée, il jette le chrétien apostat, Julien.

Mais voici les Athanase et les Hilaire, les Basile le Grand et les Grégoire de Nazianze, les Cyrille de Jérusalem et les Martin de Tours, les Jean Chrysostome, les Jérôme, les Ambroise, les Augustin, les Cyrille d'Alexandrie, toute une série de docteurs et de saints incomparables, qui se terminera par Léon le Grand.

Alors, comme au temps des Socrate, des Platon et des Aristote, le génie du vrai lutte contre le génie du faux; mais le génie du vrai n'est plus abandonné à ses seules forces, il est illuminé, élevé, transformé par la foi.

Alors, comme aux temps apostoliques, la foi lutte contre l'erreur et la passion conjurées; mais après avoir démontré par le fait seul de son triomphe, qu'elle se suffit à elle-même pour vaincre toutes les oppositions humaines, elle consent à s'associer la science et l'art, je veux dire la philosophie et l'éloquence.

S'éclairant des lumières de la foi et de celles de la raison, s'appuyant sur la révélation et sur la philosophie, s'inspirant de l'enthousiasme surnaturel des prophètes bibliques et de l'enthousiasme naturel des poètes païens, unissant les enseignements des livres sacrés du peuple de Dieu avec ceux des sages de la Grèce et de Rome, les docteurs des IVᵉ et Vᵉ siècles paraissent avec tout l'éclat du génie humain et toutes les splendeurs de la parole divine.

Le *Timée* et la *République* de Platon s'effacent devant la *Trinité* et la *Cité de Dieu* d'Augustin, notre Platon chrétien. La voix tonnante de Démosthène ne domine pas les foudres qui s'échappent des lèvres de notre Bouche d'or. Et devant les éclairs du génie combiné avec la foi, le sophisme et l'hérésie s'évanouissent en fumée.

Vainement l'apostat Julien interdit aux chrétiens les sciences et les lettres. Les Basile et les Grégoire se sont emparés de tout ce qu'il y a de vrai, de bon et de beau dans les chefs-d'œuvre de la sagesse, de l'éloquence et de la poésie antique. Israël a de nouveau dépouillé l'Égypte. Le paganisme grec et romain ne produit plus que des sophistes et des rhéteurs, des rêves creux et des phrases sans idées.

A la seule pensée des calamités qui menacent la société civile et religieuse, que de chrétiens aujourd'hui gémissent et tremblent! Que serait-ce, s'ils voyaient l'univers civilisé tout entier sous la main d'un seul homme, et si cet homme était un Julien! — Mais un trait entre mille peut les rassurer.

Jésus avait dit du temple de Jérusalem qu'il n'en resterait pas pierre sur pierre. Julien annonça qu'il ferait mentir le Galiléen. Par son ordre on enleva ce qui restait encore des vieux fondements de l'édifice. On vit des chrétiens trembler ! Hommes de peu de foi ! Regardez. Sans le vouloir l'apostat vient d'accomplir la prédiction : grâce à lui, de ce temple il ne reste pas pierre sur pierre; demain, je le sais, les nouveaux fondements doivent être posés. Les pierres arrivent, déjà elles descendent dans les fondations... Mais voici que soudain elles remontent, rejetées par un feu qui, comme pour se jouer de l'Apostat, poursuit les travailleurs et imprime sur leurs vêtements la marque de la croix.

Scribes et légistes, sophistes et politiques, levez-vous. Que ce soit pour relever ce que Dieu a renversé, ou pour renverser ce que Dieu a élevé, il n'importe. Vous nous permettrez bien de sourire. De notre côté, on tremblait, on pleurait ; du vôtre, on applaudissait, on riait. Aujourd'hui, Pie VII est à Fontainebleau ; demain Napoléon aborde à Sainte-Hélène. Hier vous disiez : Faites vite ; dix ans après, Dieu fait plus vite encore.

Va, Julien ; Alexandre nouveau, va soumettre les Perses. A ton retour, tu l'as juré, c'en est fait des chrétiens. Mais Julien ne revint pas. Mortellement blessé par un trait lancé au hasard, il recueillit le sang qui coulait de sa blessure, et le jetant vers le ciel, il s'écria : « Tu as vaincu, Galiléen. » Le Galiléen, depuis, en a vaincu bien d'autres.

L'Église a triomphé des hérésies, et le paganisme s'est épuisé dans un suprême et dernier effort. Un troisième ennemi se présente, c'est la barbarie.

Mais d'abord, il faut rappeler un genre de barbarie spécial à la civilisation païenne, barbarie d'autant plus difficile à vaincre, qu'elle se couvrait du manteau de la légalité. Sous l'influence chrétienne, Constantin d'abord, puis Théodose réforment peu à peu les inhumanités du Code. L'esclavage surtout attire la sollicitude des législateurs chrétiens, et s'il ne disparaît pas tout à coup et tout à fait pour laisser la place à la liberté que Jésus-Christ a rendue au monde, c'est que l'Église connait le danger et l'inutilité de ces révolutions soudaines qui renversent tout et ne relèvent rien.

Cependant la civilisation cruelle et corrompue réclamait un châtiment. Les esclaves vont être vengés par leurs frères. Contenus par la forte main des Constantin et des Théodose, les Barbares, sous les faibles successeurs de ce dernier, se présentent à la fois sur toute la ligne du nord.

Encore ivre du sang des martys, Rome, par son obstination païenne, a lassé la patience divine. Le seul homme capable de défendre l'empire, Stilicon, vainqueur d'Alaric et de Radagaise, est assassiné par les ordres du faible Honorius. Poussé par Dieu contre Rome, comme il le déclare lui-même, Alaric livre au pillage la Babylone de l'Occident. Seules les églises des chrétiens sont épargnées. *Initia dolorum hæc.*

« Les étoiles tombent, le sol tremble, quand je parais, l'herbe ne pousse plus là où a passé le cheval d'Attila. Je suis le Fléau de Dieu » Tel est le portrait que le ravageur a tracé de lui-même. Venu de l'Orient, Attila marcha d'abord sur Constantinople, et il fit demander de l'or à l'empereur. Mais cet empereur se nommait Marcien. La magnanime et catholique Pulchérie l'avait épousé à cause de sa vertu et de sa bravoure. « J'ai de l'or pour mes amis, répondit Marcien aux envoyés d'Attila, et du fer pour mes ennemis. » — Attila se rejeta sur l'Occident.

Saint Loup à Troyes, saint Aignan à Orléans, par leur foi et par leur énergie sauvent leurs villes épiscopales. La bergère Geneviève obtient de Dieu le salut de Paris et des Gaules. Les peuples qui se partagent le pays et qui se fondront plus tard pour former la France, les Gaulois, les Romains, les Francs, les Visigoths, les Burgondes, tous unis sous la conduite d'Aétius, écrasent dans les palines de Châlons les cinq cent mille guerriers d'Attila. Le Fléau de Dieu se tourne sur Rome.

Depuis Constantin, les empereurs avaient abandonné la ville éternelle. La majesté de la terre eût pâli auprès de la majesté du ciel. A l'approche d'Attila, le César d'alors vint se renfermer à Rome, non pour la défendre, mais pour s'y cacher. Heureusement le Saint-Siége était occupé par un Pape que le danger n'effrayait pas, c'était Léon le Grand. Après avoir porté le dernier coup aux hérésies d'Orient, il n'était pas homme à reculer devant la force brutale. Sans autre armure que les insignes de sa dignité sacerdotale, le pontife s'avance au devant du *Fléau de Dieu*. A cette vue, le géant de la barbarie se trouble, il recule et va mourir dans une orgie. L'esprit a vaincu la chair. La souveraineté temporelle des Papes commence. Les peuples se donnent à ceux qui savent les défendre, ils abandonnent ceux qui les abandonnent. Pour un prince, abdiquer le rôle de défenseur, c'est abdiquer le pouvoir.

Il restait cependant deux hommes capables de soutenir l'empire d'occident. C'étaient Aétius et Boniface. Des intrigues de cour les perdront l'un après l'autre. Victime de la calomnie, Boniface, dans un premier emportement, ouvre l'Afrique à Genséric et à ses Vandales. Un jour, ce Genséric monta sur son navire. « Où allons-nous, demanda le pilote ? » — « Vers le peuple que Dieu veut châtier, » répond le Barbare. Le vent poussa vers Rome. Si Léon le Grand n'arrêta pas ce nouveau barbare, il sut du moins modérer sa fureur. — De toutes les origines du pouvoir, aucune, je le répète, ne sera plus légitime, aucune plus populaire que celle de la puissance temporelle des Papes.

Résumons cette époque. Hérésie, apostasie, barbarie, Arius, Julien, Attila, d'une part; Constantin et Théodose, Athanase, Hilaire, Basile, Grégoire, Chrysostome, Ambroise, Jérôme, Augustin, Cyrille, Léon le Grand, d'autre part : voilà des noms qui attestent le progrès dans les deux camps. Du côté de Lucifer, la perfidie et la violence, la force intellectuelle et la force brutale s'unissent contre l'Eglise; du côté de Jésus-Christ, le glaive spirituel et le glaive matériel, le sacerdoce et l'empire ont commencé leur fonction. Si le siècle de Socrate et d'Alexandre fut grand, parce qu'il prépara le monde à l'unité chrétienne; si le siècle de César et de Pierre fut plus grand, parce que entre César et Pierre apparait Jésus Christ : l'époque où le génie des docteurs s'unit à la magnanimité des empereurs pour maintenir et pour étendre la royauté de Jésus-Christ nous apparaît plus grande encore.

VII

Le monde traverse une double nuit : en Orient, c'est la nuit de l'hérésie; en Occident, c'est la nuit de la barbarie. Mais au sein de cette obscurité, les éclairs brilleront. Ici, Clovis deviendra le roi très-chrétien; là, Benoît, par sa règle, civilisera les peuples nouveaux. En Orient, Justinien fait recueillir les lois; mais il met la main sur le Pape et Dieu le châtie. Grégoire le Grand établit l'ordre et l'harmonie. Satan épouvanté, lance un nouvel émissaire.

Tenant d'une main le cimeterre, et de l'autre la

coupe du plaisir, Mahomet s'avance et semble dire : Jouis ou meurs. Tel est le secret de plus d'un triomphe. Cependant les empereurs d'Orient font de la théologie, ou plutôt de l'hérésie. Dieu donnera d'autres défenseurs à son Eglise.

Un héros de la race des Francs a écrasé les Musulmans sous les coups de sa massue, Charles Martel a juré de défendre le successeur de Pierre. Son fils, Pépin, sera roi, et il assurera la liberté temporelle du Pape. Son petit-fils sera Charlemagne. Celui-ci, comme le déclarent son nom et son surnom, sera le roi *fort* et *grand*, parce que, en tête de ses lois, il reconnaît que Jésus-Christ est le Roi, et que lui, Charles, n'est que l'humble auxiliaire de l'Église de Dieu. Couronné empereur ou chef suprême de la chrétienté par le Pape saint Léon III, cet homme, unique dans l'histoire, consacre son génie et sa force au service de Celui à qui toute puissance a été donnée sur la terre comme au ciel et qui à son tour donne ou retire la puissance, selon ses desseins de miséricorde ou de justice sur les peuples.

Après Charlemagne, le monde rentre dans l'ombre. Ses successeurs ne sont pas à la hauteur de leur mission. Les invasions normandes arrêtent le progrès, mais pour l'accélérer bientôt par leur mélange avec les peuples qui avancent. — L'Allemagne se divise et se morcelle sous la lourde main des empereurs germaniques. — L'Espagne, sous la conduite de Pélage et des vaillants héritiers de son idée, engage et poursuit contre le Coran une lutte qui durera huit siècles. — Convertie à la foi par l'envoyé de Grégoire le Grand, par saint Augustin de Cantorbéry, civilisée par Alfred le Grand, l'Angleterre s'apprête à prendre son rang dans la marche des siècles. — L'Orient, au contraire, par des hérésies sans cesse renaissantes, se prépare au schisme et se laisse peu à peu envahir par les successeurs de Mahomet. — Dieu appelle sur le trône très-chrétien une race nouvelle, forte et prudente. Sous la main royale et paternelle des descendants de Robert le Fort, la France se dessine et en se séparant définitivement de l'Allemagne, elle se renferme dans cette unité nationale et catholique qui fera sa force et sa grandeur. — Une époque longue et solennelle va s'ouvrir. On peut dater son début de l'avénement de saint Grégoire VII au trône pontifical (1073), et sa fin de la mort de saint Louis (1270).

Si, pour un grand siècle, vous réclamez de grandes luttes engagées, entre des adversaires puissants, sur des intérêts supérieurs, et amenant le triomphe de la vérité dans l'ordre intellectuel, de la justice dans l'ordre moral, du beau dans l'ordre artistique, de la foi et de la charité dans l'ordre religieux; si vous décernez la palme au siècle qui a le plus entrepris, le plus enduré, le plus réalisé pour étendre et assurer ici-bas le règne de Jésus-Christ par l'Église, aucune époque ne saurait le disputer à celle qui, pour la chrétienté, ne fut au dedans et au dehors qu'une série continue de combats et de victoires. Au dedans, la lutte est entre le sacerdoce et l'empire; au dehors, entre la croix et le Coran. Et c'est au sein de cette grande mêlée que s'épanouissent les merveilles de la science supérieure, les chefs-d'œuvre de l'art, et surtout les œuvres et les institutions les plus étonnantes de la charité et du dévouement religieux.

Certains philosophes et certains historiens ont voulu voir dans le moyen âge une époque de servilisme et de servitude. Le moyen âge comprend dix siècles : de la chute de l'empire romain d'Occident — 476 — à la chute de l'empire romain d'Orient — 1453. Entre ces dix siècles, quels sont ceux qui formèrent le cycle de l'esclavage ! Ce ne furent pas du moins ceux qui en ce moment s'offrent à nos regards.

Alors, il est vrai, les Guillaume et les Henri en Angleterre, les Henri et les Frédéric en Allemagne, essayèrent d'asservir les grands et les évêques, et de dominer la société civile et religieuse, l'État et l'Église. Alors aussi, en dehors de la chrétienté, les successeurs de Mahomet étendaient de jour en jour le despotisme de leur empire.

Mais la liberté religieuse et sociale trouva un défenseur dans la personne du moine Hildebrand qui devint saint Grégoire VII. A l'exemple et sous l'impulsion de cet homme fort, les Anselme et les Thomas Becket, les Alexandre III, les Innocent III, les Grégoire IX et les Innocent IV maintiendront l'indépendance de l'Église et du sacerdoce, et par là même, la liberté du monde.

D'ailleurs, au moment même où le despotisme menaçait les peuples de race germanique, l'Allemagne et l'Angleterre, on vit les peuples de race latine, l'Espagne et la France, grandir et s'élever sous la conduite des rois libérateurs qui, en Espagne, se nommèrent Alphonse le Vaillant, Alphonse le Conquérant, Alphonse de Castille, Jacques d'Aragon, saint Ferdinand et Alphonse le Sage, et en France, Louis VII, Philippe-Auguste et saint Louis.

Ce fut alors aussi que, profondément ému aux accents de Pierre l'Ermite, Urbain II reprit la grande idée de saint Grégoire VII, dont il avait été le confident. A la voix du Pontife, ces grands et puissants seigneurs que de mesquines jalousies voudraient transformer en tyrans, se croisent pour la délivrance des chrétiens d'Orient, en jetant ce cri sublime qui seul peut du même coup assurer l'autorité véritable et la vraie liberté : Dieu le veut.

Et des hommes qui se disent libéraux voudraient, au nom de la liberté, effacer l'histoire de ces temps-là ! Pour eux, tout commence en 1789. Avant cette date fameuse, les peuples ignoraient leurs droits et ne connaissaient que la servitude ! Pour nous qui sommes français et chrétiens, notre double histoire remonte plus haut. L'histoire de France date du baptême de Clovis, et l'histoire de l'Église date de la croix de Jésus-Christ. Avec le baptême de Clovis commença la liberté des Gaules, affranchies enfin de la domination des généraux romains et des barbares ariens ; la croix de Jésus est pour le monde entier l'étendard de la liberté, de la liberté des âmes, de la liberté des cœurs, de la liberté que peut seul assurer le mépris de la souffrance et de l'opprobre, c'est-à-dire le mépris de toutes les menaces et de toutes les promesses par lesquelles ces hommes, qu'on dit puissants, peuvent faire des esclaves et des courtisans.

Revenons au temps de saint Grégoire VII. « Les empereurs nommaient aux évêchés, dit Voltaire ; Henri IV les vendait. » On peut croire cet homme, quand il lui échappe des aveux de ce genre. Grégoire VII déposa les évêques simoniaques et scandaleux; il interdit au roi allemand l'investiture par la crosse et par l'anneau, symboles du pouvoir spirituel. Henri brava d'abord le pontife, mais quand il sentit son trône chanceler, il prit l'habit de pénitent et il vint à Canosse pour obtenir la levée de l'excommunication qui pesait sur lui. Puis il fit assiéger Grégoire, jusque dans le château Saint-Ange. Délivré, mais un peu tard, par le normand Robert Guiscard, le Pape se retire à Salerne, où il meurt en disant : « J'ai aimé la justice, c'est pour cela que je meurs en exil. » — Rejeté par l'indignation universelle, poursuivi par ses propres enfants, Henri est réduit pour vivre à demander une place de chantre qui lui est justement refusée à cause de son excommunication.

Grégoire est mort martyr de son zèle pour la liberté et pour la pureté de l'Église; Henri succombe par suite de sa violence contre l'Église. Le premier laisse un nom immortel et sa cause triomphe; le second laisse un nom méprisé et prouve une fois de plus que la force finit toujours par tomber devant le droit.

Cependant la lutte n'est pas terminée. Les races germaniques s'obstinent contre le Pape. — Ici, c'est Frédéric Barberousse qui revendique l'empire universel sur toutes les nations. Il est vrai qu'il laisse au Pontife romain le pouvoir spirituel; mais on sait avec quelle liberté s'exerce l'autorité spirituelle, quand elle est comme bloquée par l'autorité matérielle. — Là, en Angleterre, c'est Henri II qui met la main sur les biens de l'Église. — Heureusement l'Église était gouvernée alors par un Pape dont le caractère était à la hauteur des circonstances. Ecoutons encore un aveu peu suspect : « L'homme, dit Voltaire, qui dans le moyen âge a mérité le plus du genre humain est le Pape Alexandre III. Ce fut lui qui triompha dans Venise, par sa sagesse, de la violence de l'empereur Frédéric Barberousse, et qui força Henri II, roi d'Angleterre, de demander pardon à Dieu et aux hommes du meurtre de Thomas Becket ; il ressuscita le droit des peuples et réprima le crime dans les rois. »

Frédéric humilié se repentit et se croisa ; mais il périt dans les eaux du Cydnus. Son petit-fils Frédéric II montera sur le trône, grâce à la protection d'Innocent III.

Ce grand Pape fut le soutien de tous les droits. Contraint par lui à respecter la sainteté du mariage, Philippe-Auguste deviendra lui aussi le défenseur de la justice. Par la victoire de Bouvines, gagnée sur un empereur excommunié, il assure du même coup l'indépendance religieuse de l'Église et l'indépendance nationale de la France.

D'un autre côté, la vigilance d'Innocent, secondée par l'héroïsme de Simon de Montfort et par le zèle de saint Dominique, préserve la France et le monde de la corruption manichéenne dont les Albigeois venaient d'infecter les provinces du midi.

A la mort du grand Pape, Frédéric II joua le rôle du serpent. Il se tourna contre l'Église qui l'avait réchauffé dans son sein. Mais Grégoire IX et Innocent IV, par leur sage fermeté, surent maintenir l'indépendance religieuse et civile de la chrétienté.

Cependant en Espagne la lutte se poursuivait contre le Coran. Les successeurs de Pélage reprennent une à une les provinces envahies. Alphonse le Conquérant gagne sur cinq rois Maures la fameuse bataille d'Ourique (1139). La grande victoire de Navas de Tolosa (1212) prépare le règne de Jacques le Conquérant qui, pendant soixante-quatre ans de combats, ne fut jamais vaincu, gagna trente victoires et fonda deux mille églises. Enfin les conquêtes de Ferdinand III le Saint, roi de Castille, et oncle de notre saint Louis, ne laissent plus à l'envahisseur que la ville de Grenade. Jamais, cependant, l'islamisme ne s'était montré si menaçant. Thogrul, Malek-Schah, Nur-Eddin, Saladin, Almohadan ajoutaient conquêtes à conquêtes. Sans les croisades le monde entier tombait sous le régime du cimeterre.

Il n'est pas jusqu'au Bas-Empire qui alors ne reprenne une vie qu'on pouvait croire éteinte à tout jamais. Alexis, Jean et Manuel Commène montrent une capacité supérieure.

L'Asie centrale remue rarement; mais quand elle s'agite, le monde est ébranlé, car alors ce sont des peuples entiers que les torrents de l'Himalaya entraînent dans leur cours. A cette époque qui devait réunir tous les genres de grandeur, on vit l'invasion la plus gigantesque qui, depuis Attila, eût effrayé les nations. Avec une rapidité qu'on ne s'explique pas, Gengiskan étend sa domination sur l'Asie presque tout entière, et si l'Europe échappe à la dévastation mongole, elle le doit au dévouement de l'héroïque Pologne. On sait quelle a été la reconnaissance européenne.

Mais quand il s'agit de dévouement et d'héroïsme guerrier, il faut surtout nommer les croisades et la chevalerie.

La croisade est l'union des grands et des peuples s'élançant, à la voix des Papes, sous les insignes de la croix, pour délivrer le tombeau de Jésus-Christ et pour arrêter l'invasion du Coran. L'honneur des croisades se partage entre ceux qui les suscitèrent et ceux qui les exécutèrent. Les premiers se nomment Pierre l'Ermite, Urbain II, saint Bernard, Innocent III, et saint Pie V ; les autres furent Godefroy de Bouillon, Robert de Normandie, Raymond de Toulouse, Bohémond de Tarente, Tancrède, Conrad III, Louis le Jeune, Frédéric I. Barberousse, Richard Cœur-de-Lion, Philippe-Auguste, André de Hongrie, Jean de Brienne, enfin saint Louis, plus grand dans les fers que sur le trône, plus sublime sur la cendre où il est étendu mourant que lorsque du haut de son destrier il abattait l'Anglais ou terrassait le Musulman.

La chevalerie, institution plus chrétienne encore que militaire, est comme une croisade permanente. C'est la force se consacrant par un engagement spécial à défendre la faiblesse contre la violence.

On connaît les hauts faits des chevaliers de Saint-Jean de Jérusalem devenus les chevaliers de Malte, la défense de Rhodes par d'Aubusson, la grandeur d'âme de L'Isle-Adam, qui sans la trahison eut sauvé Rhodes une seconde fois, la fermeté de Lavalette tenant en échec devant Malte toutes les forces du Grand-Turc. Ces faits appartiennent à un autre âge, mais l'ordre de Saint-Jean, par ses racines, revient à l'époque des Croisades

La défection des chevaliers du Temple et l'apostasie des chevaliers teutoniques peuvent consoler les détracteurs de toute institution noble et religieuse ; mais cette double chute n'appartient pas au moyen âge.

Nommons encore les ordres religieux et militaires

d'Alcantara, de Calatrava, de Saint-Jacques et d'Avis, institués par les rois chrétiens d'Espagne pour opposer le pur dévouement au fanatisme musulman.

Ces divers ordres représentent l'élite de la chevalerie ; mais en dehors de ces institutions spéciales et religieuses, la chevalerie séculière comptait dans ses rangs tous les nobles guerriers de l'époque. Or l'esprit chevaleresque exerça sur la société la plus salutaire influence.

« Nul doute, » dit Mgr Daniel dans son histoire universelle, autorisée par le ministre de l'instruction publique, et par conséquent peu suspecte de partialité en faveur du moyen âge, « nul doute que la chevalerie n'ait reçu des croisades son plus grand développement et son meilleur éclat .. Rester fidèle à Dieu, à sa parole et à son honneur ; protéger les femmes, les orphelins, les voyageurs : tels étaient les serments du jeune noble, lorsque, après avoir été page, puis écuyer, il était admis dans l'ordre de la chevalerie. Ce fut une milice de héros, qui, malgré les faiblesses ou les désordres de quelques-uns de ses membres, a enseigné au monde moderne le culte de l'honneur et une délicatesse de sentiment inconnue de l'antiquité païenne. »

On peut ajouter que, au fond, la chevalerie ne fit que régénérer une autre institution qui, après avoir été longtemps la sauvegarde de la société, avait alors besoin d'être rappelée à sa fin première. Nous avons ici en vue le système féodal dont l'essence peut s'exprimer en deux mots : Protection du faible par le fort, assistance donnée au fort par les faibles ligués sous sa conduite pour la défense commune de tous les droits.

Le plus faible se déclarait le vassal ; le plus fort était reconnu pour le suzerain.

Le vassal s'engageait à défendre l'honneur, la liberté et la vie de son seigneur ; s'il manquait à son serment, il pouvait être dépossédé comme traître ou félon par la sentence de ses pairs siégeant en cour de justice. Le suzerain, de son côté, devait à son vassal aide et protection, sous peine de perdre ses droits.

Ce régime établissait une étroite union entre les classes diverses de la nation. Il maintint l'ordre social contre la violence des hommes puissants qui abusaient de la force, et contre la fureur des bandes populaires qui abusaient du nombre. Car il ne faut pas l'oublier : si, dans le cours du moyen âge, il se rencontra des comtes et des barons qui, au mépris de leurs serments et contre la loi même du système féodal, opprimèrent au lieu de protéger, on vit aussi des troupes de gens sans aveu, qui transformés en brigands n'épargnaient pas plus la commune que le château, et qui massacraient l'ouvrier aussi bien que le bourgeois, le paysan comme le seigneur. S'il n'est pas permis de confondre cette misérable populace avec le vrai peuple, il ne l'est pas non plus de confondre quelques châtelains dégénérés avec le vrai seigneur féodal.

Alors, du moins, l'abus de la force, qu'il vint d'en haut ou d'en bas, n'était pas proclamé comme un droit ; la tyrannie et l'émeute n'étaient que locales et temporaires, et la révolution ne constituait pas l'état permanent de la société.

Du reste les déclamations contre la barbarie de quelques seigneurs, compensée par le généreux dévouement de tant d'autres, peuvent étonner sous des plumes si indulgentes quand il s'agit des Robespierre, des Danton, des Marat, qui en dix ans ont fait couler plus de sang, et quel sang! que tous les seigneurs féodaux dans l'espace de dix siècles.

Quand il est question du moyen âge et de la féodalité, les ennemis de l'un et de l'autre ne manquent jamais d'y associer le servage. — Mais le servage n'appartient ni au régime féodal ni au moyen âge.

Le servage ne rentre pas dans le système féodal : il exista chez des peuples qui ne connurent jamais la féodalité, par exemple en Russie et en Pologne. Ajoutons que même dans les pays féodaux, les communes et les bourgeois eurent leurs serfs aussi bien que les seigneurs.

Le servage n'est pas spécial au moyen âge. Il commence avant, il finit après.

Avant le moyen âge le servage s'appelait l'esclavage. L'esclave était la chose du maître pour lequel seul il produisait. Le serf, il est vrai, est attaché au sol, à la terre du seigneur féodal ou du bourgeois communal ; mais il s'appartient à lui-même, et dès qu'il a remis au propriétaire ce qu'il lui doit, il travaille et il gagne pour son propre compte. Il a une famille, il a une existence civile. Il peut entrer dans le clergé séculier et régulier.

Le moyen âge, ou plutôt l'Église, dès qu'elle a pu se mêler à la politique, c'est-à-dire au gouvernement et à la législation, l'Église, ne pouvant pas tout d'un coup abolir l'esclavage, a transformé l'esclave en serf. Puis vers la fin du moyen âge elle a commencé l'affranchissement des serfs. Et si en 1789 il restait encore des serfs ce n'est pas aux hommes des douzième et treizième siècles que l'on doit s'en prendre, mais aux révolutions qui ont soulevé les princes et les peuples contre l'autorité libératrice de l'Église.

Du reste, l'indignation sur la condition des serfs peut paraître factice dans la bouche de ces hommes si calmes et si froids à la vue de ces multitudes d'ouvriers que l'industrie contemporaine condamne au pire de tous les servages, au plus cruel de tous les esclavages, à celui de la faim et du travail forcé. Vous avez rasé le château féodal, mais vous l'avez remplacé par l'usine qui a engendré le paupérisme. Vous plaignez les serfs; ils ne se plaignaient pas. On ne les vit pas se soulever. Ils le pouvaient cependant. Ils n'avaient qu'à se joindre à ces bandes de fainéants volontaires, écume des cités, qui de temps à autre dévastaient les campagnes. Ils le pouvaient tout aussi bien que certaines masses, aujourd'hui si serviles sous la main de la Révolution. Ils le pouvaient. On n'avait pas encore inventé ces armées permanentes, ces forts détachés et combinés, ces légions de gendarmes et de sergents de ville qui, par cela même qu'ils sont devenus nécessaires pour maintenir la paix à l'intérieur, sont aussi un des signes les moins équivoques du progrès de la civilisation et de la fraternité modernes sur la barbarie du moyen âge !

Pourquoi donc le serf ne songeait-il pas à se révolter ? C'est qu'il était bien plus heureux que ne l'est aujourd'hui l'ouvrier de la fabrique et de l'usine. Le serf cultivait tranquillement le sol qui l'avait vu naître et il se regardait comme un enfant de la famille du seigneur. L'ouvrier de la fabrique et de l'usine sait que, aux yeux du chef, le produit et l'argent est tout, et l'homme rien. Que dix, vingt ouvriers viennent à succomber, qu'importe ? En voici quarante, cent qui, pour gagner leur pain, attendent la place vacante.

Je sais qu'il est des exceptions et je connais des chrétiens qui, comprenant que le patron est un père, ont fait de leur usine une véritable famille ; mais en ce siècle d'indifférence religieuse et d'égoïsme commercial, la charité est encore l'exception, au lieu que, aux âges de foi, l'égoïsme était l'exception et la charité la règle, comme l'attestent les innombrables établissements fondés pour tous les genres de misère par ces *barbares* seigneurs, comme l'atteste l'entreprise même des croisades et l'institution de la chevalerie.

Passons aux grandeurs intellectuelles et morales de cette époque.

Les plus grands siècles ont entendu à peine un seul grand orateur. La Grèce antique ne nous offre que Démosthène, Rome païenne ne compte que Cicéron. La langue grecque devenue chrétienne s'est élevée à la plus haute éloquence sur les lèvres d'un Basile, d'un Grégoire de Nazianze et surtout d'un Jean Chrysostome ; l'Italie admirera son Segneri, la France entendra Bossuet et Bourdaloue. La grande époque du moyen âge peut à tous ces grands orateurs opposer son saint Bernard dont les accents inspirés produisirent des effets qui ne furent surpassés ni avant ni depuis.

Libre et hardie jusqu'à l'excès, comme le prouvent assez et trop les luttes fameuses des Réaux et des Nominaux, ainsi que les témérités des Abailard, des Gilbert de la Porrée, des Amauri de Chartres, la philosophie atteint une hauteur qui n'a pas encore été dépassée. C'est qu'alors elle s'unit à la théologie dans les doctes leçons des Lanfranc, des saint Anselme, des saint Bernard, des Hugues et des Richard de Saint-Victor, des Pierre Lombard, des Alexandre de Alès, des Albert le Grand et des saint Bonaventure, étonnantes intelligences entre lesquelles s'élève le prince des philosophes et des théologiens, le disciple d'Aristote et de saint Augustin et par là même de Platon, l'égal de ces trois puissants génies, l'Ange de l'école, saint Thomas d'Aquin. Reconnaissant à la raison humaine le droit de démontrer par elle-même et sans le secours de la foi les vérités primordiales, telles que l'existence de Dieu et sa providence, la spiritualité de l'âme, sa liberté, son immortalité, et les principes de la morale, ces hommes, toutefois, ont pensé que le plus noble emploi de la philosophie était de servir la théologie, et que l'honneur de la raison et de la parole humaine était de se subordonner à la raison et à la parole divine. Par cette union ils se sont élevés à une hauteur qui leur a permis de jeter sur toutes les vérités un coup d'œil d'ensemble dont le résultat donna ces *Sommes* de théologie où se trouve condensé avec un ordre parfait tout ce que l'homme peut savoir soit par la seule raison, soit par la foi.

A ces monuments de la science répondent dans la sphère des arts ces cathédrales non moins grandioses, où s'unissent tous les secrets de la mécanique et de la statique, toutes les conditions de l'élégance et de la solidité, enfin tous les arts, architecture, sculpture, peinture et musique, s'accordant pour représenter toutes les merveilles de l'ordre naturel et de l'ordre surnaturel dans le temple du Dieu créateur et sauveur.

Nommons seulement les cathédrales de Chartres, d'Amiens, de Bourges, de Reims, de Strasbourg, de Paris, de Cologne, de Westminster, de Burgos, d'Assise, de Pise, de Sienne, de Florence, et la Sainte-Chapelle.

Alors aussi à l'hommage rendu à Dieu dans ses temples correspond l'hommage rendu à ceux qui le représentent : aux grands qui sont les ministres de la providence, aux pauvres qui sont les membres souffrants du Dieu-Homme. De là, ces palais, ces châteaux, ces hôtels de ville où s'unissent l'élégance et la force ; de là ces hôpitaux, si bien nommés Hôtels-Dieu, dont la magnificence n'est égalée que par les palais des rois.

Seule la grande poésie manquerait à cette période si chacune de ces sommes de théologie, si chacune de ces cathédrales n'était pas une épopée. D'ailleurs on peut dire que la *divine Comédie*, quoique venue plus tard, appartient au treizième siècle dont elle est une inspiration.

Laissons aux siècles des Copernic, des Képler, des Galilée, des Newton, des Herschell l'honneur du progrès des sciences physiques. Et pour excuser l'époque de saint Thomas de n'avoir pas découvert les lois de la gravitation, la machine à vapeur, l'éclairage au gaz, le télégraphe électrique, la photographie et les autres merveilles de ce genre, ne cherchons pas à déprécier l'étude du monde matériel. Le génie réserve son mépris pour le faux, pour le mal et pour le laid.

Toute proportion gardée, il admire Dieu dans le grain de sable comme dans le soleil, dans le moucheron comme dans le séraphin ; et si, avec Aristote qui fut le grand physicien de l'antiquité comme il en fut le grand philosophe, il reconnaît que la science de Dieu et de l'âme, que la métaphysique et la morale l'emportent sur la science des corps, des nombres et des mesures, il ne laisse pas d'estimer les sciences mathématiques et physiques, soit en raison de leurs applications pratiques au bien-être corporel de l'homme, soit surtout parce qu'elles rappellent sans cesse l'existence et la providence du Dieu qui créa et qui ordonna l'univers.

Du reste, même sous ce rapport, le treizième siècle n'a pas besoin d'excuse. Cette date est aussi celle du réveil des sciences physiques. Les vrais savants du dix-neuvième siècle s'étonnent devant le prodigieux savoir et les sublimes aperçus des Vincent de Beauvais, des Albert le Grand et des Roger Bacon.

Au même temps, les lois de l'ordre social et religieux, déjà réunies en corps par Gratien de Bologne, auteur de la première collection des décrets canoniques, reçoivent leur complément par les ordres de Grégoire IX.

Et cependant les grandeurs politiques et militaires, scientifiques et artistiques de cette époque si vivante et si féconde le cèdent aux gloires de la sainteté.

L'Espagne et la France voient sur le trône, la première un saint Ferdinand, la seconde un saint Louis dont la vertu surpasse l'héroïsme et le génie.

Si les Arnaud de Brescia, les Pierre Valdo et les infâmes Albigeois ont pu tirer parti contre le clergé, de la corruption causée par l'investiture laïque et par la simonie du siècle précédent, la période des saint Grégoire VII et des Innocent III offrira tous les genres de réparation. Tandis que les chevaliers de l'Espagne, de la France, de l'Allemagne et de l'Angleterre combattent par le fer le fanatisme musulman, de nouveaux ordres religieux, par un dévouement d'un autre genre, ajoutent à l'Église de nouvelles splendeurs.

Ici, c'est saint Jean de Matha et saint Félix de Valois, là, saint Raymond de Pennafort et saint Pierre Nolasque, instituant, ceux-là l'ordre de la Trinité, ceux-ci l'ordre de la Merci, destinés l'un et l'autre au rachat des chrétiens captifs chez les Musulmans.

Ici, c'est saint Bruno et ses Chartreux, essayant sur la terre la vie des cieux ; là, saint Norbert et ses Prémontrés, régénérant le clergé par la pénitence.

Ici, c'est saint François d'Assise, là, saint Dominique, l'un purifiant le monde par les admirables exemples de la pauvreté volontaire, et l'embrasant par les séraphiques ardeurs de ses innombrables familles ; l'autre éclairant les peuples par la doctrine de ses infatigables Prêcheurs et les convertissant par le rosaire de la Reine des cieux.

Au-dessus de toutes ces gloires, plane la royauté de Jésus-Christ solennellement représentée par les Grégoire VII, les Urbain II, les Alexandre III, les Innocent III, les Grégoire IX et les Innocent IV.

Résumons encore le moyen âge avec Mgr Daniel :

« On doit au moyen âge les croisades, la chevalerie, « les ordres religieux et militaires, la liberté des com- « munes, l'affranchissement des serfs, les parlements « et les universités. Il a vu naître la royauté chré-

« tienne, la grande charte d'Angleterre, les États « généraux de France, les Cortès d'Espagne, les « républiques italiennes et la confédération helvé- « tique. Le pays qui a le mieux conservé les institu- « tions de cette époque est la libre Angleterre. »

Voilà ce qu'on lit dans un ouvrage approuvé par un ministre de l'instruction publique peu suspect de partialité à l'égard des âges de foi. Et l'on dira que cette époque fut celle du servilisme et de l'absolutisme !

« Le moyen âge a produit la *Divine Comédie*, la « *Somme* de saint Thomas, l'*Imitation de Jésus-Christ*, « les cathédrales romanes et gothiques, la renaissance « des arts en Italie ; il a inventé la boussole, la poudre « à canon, l'imprimerie. »

Osez redire que cette époque fut celle de l'ignorance et de la barbarie !

Mais dans ce tableau nous n'avons embrassé que la période dont la constance de saint Grégoire VII forme la base, dont la majesté d'Innocent III occupe le centre, dont la magnanimité de saint Louis couronne le sommet. Ces deux siècles s'élèvent dans la série des âges comme le Mont Blanc et le Mont Rosa au milieu de la chaîne des Alpes. C'est qu'alors tous les genres de grandeur semblèrent se grouper pour former les degrés du trône du Roi des rois, et que jamais, ni avant, ni depuis, on ne put dire avec plus de vérité : Le Christ triomphe, le Christ règne, le Christ gouverne : *Christus vincit*, *Christus regnat, Christus imperat.*

VIII

Entre les Croisades et la Renaissance s'ouvre un abîme.

Un roi de France, un fils aîné de l'Église, un petit-fils de saint Louis s'élève contre le Pape. Puis à la faveur d'un schisme déplorable, la décadence devient universelle : décadence religieuse, décadence morale, décadence politique, décadence scientifique, décadence artistique. Alors la voix d'un moine apostat suffira pour ouvrir l'ère de ces révolutions religieuses, politiques, philosophiques, littéraires et morales qui, après avoir bouleversé les intelligences et les idées, amèneront l'anarchie des passions et le despotisme du crime.

Pendant près de deux siècles (1270. Mort de saint Louis — 1453. Chute de Constantinople) la division est partout et jusque dans l'Église. Toutefois au sein de ce désordre il se passe de grandes choses.

Quelle dignité dans le calme héroïque d'un Boniface VIII ! Quelle sombre solennité dans le trépas de Jacques Molay ! Quelle mâle vigueur dans les accents du Dante !

Charles V est justement appelé le Sage, et pour le seconder Dieu lui donna un héros dans la personne de du Guesclin. Mais pour refaire la France qui s'est brisée en se heurtant contre le roc sur lequel repose l'Église, ni la sagesse d'un roi, ni l'héroïsme d'un grand capitaine ne pouvaient suffire, il fallait l'intervention d'en haut. Et voici Jeanne d'Arc. Docile aux voix célestes, elle ira, et par les noms de Jésus et de Marie brodés sur sa blanche bannière, elle arrachera la France aux mains de l'Anglais.

En ces temps-là le sol de l'Asie tremblait sous les pas de Tamerlan et de Bajazet. La bataille se livra près d'Ancyre et dura trois jours ; un million d'hommes y étaient engagés. Bajazet tomba au pouvoir de Tamerlan. Ce terrible choc retarda la chute de Constantinople ; mais la dernière heure était sonnée pour l'empire schismatique.

Au bruit que fit en tombant ce grand et dernier débris d'une monarchie dont la durée n'avait pas eu d'égale, l'effroi saisit l'Occident. Le dernier Constantin s'était montré digne du premier, il succomba en héros. Mahomet II voulait poursuivre ses conquêtes, mais il rencontra Hunyade, Scanderbeg, Mathias Corvin, d'Aubusson : il s'arrêta.

La chute de Constantinople (1453) sera le signal d'une ère nouvelle et brillante. Nouvelle surtout : car ce qui caractérise cette époque, c'est l'élan vers le nouveau.

Voyez-vous ces trois caravelles qui voguent vers l'Occident ? Matelots, vos terreurs ne sont pas vaines. A calculer froidement, l'étranger qui vous guide n'est qu'un aventurier téméraire. Et cependant, sous l'ascendant de son génie et de son invincible constance, vous irez malgré vous, et malgré vous vous atteindrez un nouveau monde. Christophe Colomb et la découverte de l'Amérique, en voilà plus qu'il ne faut pour immortaliser un siècle.

Ajoutez-y le cap des Tempêtes doublé par Vasco de

Gama et devenu le cap de Bonne-Espérance, parce qu'il ouvre le chemin des Indes, de la Chine et du Japon ; ajoutez le tour du monde commencé à travers les océans par le hardi Magellan, et terminé par l'intrépide Sébastien El Cano; ajoutez les incroyables exploits des Fernand Cortez, des Pizarre, des Almagro, des Cabral : Et ce ne sont là que des épisodes de cette éblouissante période.

Revenons en Espagne, car c'est l'Espagne qui, avec le Portugal, donne à la fin du quinzième siècle le signal du mouvement catholique.

Par son union avec l'habile mais trop jaloux Ferdinand d'Aragon, la grande et pieuse Isabelle de Castille fait de l'Espagne catholique une seule et forte monarchie. Bientôt la prise de Grenade met un terme glorieux à huit siècles de combats et rejette enfin le Coran hors de la péninsule. Qui sait si, sans les jalousies de Ferdinand, le ferme génie du grand ministre Ximenès et l'invincible épée du grand capitaine Gonzalve de Cordoue n'eussent pas délivré du joug musulman tout le nord de l'Afrique ?

De son côté le Portugal, resserré entre l'Espagne et la mer, suit le littoral de l'Afrique, franchit le cap des Tempêtes, remonte les côtes africaines, gagne les Indes et s'élance jusqu'en Chine, jusqu'au Japon. C'était le temps des Vasco de Gama et des Albuquerque le Grand : alors le Portugal était magnanime, parce que, fils respectueux de Rome, il n'était pas l'esclave de Londres.

Au même temps, une autre péninsule, non moins catholique que la péninsule ibérique, atteignait aussi l'apogée de sa gloire.

La mission de l'Espagne et du Portugal fut de préparer la propagation de l'Evangile dans les régions de l'Occident, du Sud et de l'extrême Orient. Le rôle de l'Italie fut de faire concourir les beaux-arts au règne de Jésus-Christ sur les âmes.

Fils du treizième siècle par ses études, précurseur du seizième par son génie, Dante vient d'élever sa langue et la poésie à une hauteur que l'Italie n'a pas encore dépassée. L'impulsion est donnée. Malheureusement l'Arioste souille tout ce qu'il touche, et le Tasse dans sa *Jérusalem délivrée* reste au-dessous de la simple histoire.

Autour de Jules II et de Léon X se groupent tous les arts. Bramante commence Saint-Pierre de Rome et Michel-Ange élève la coupole. Raphaël succède à Bramante, mais il est surtout peintre. On admire ses *Vierges*, et la vue de sa *Transfiguration* transporte sur le Thabor. Peintre et sculpteur aussi bien qu'architecte, Michel-Ange s'étonne lui-même devant son *Moïse*, tandis qu'il épouvante le spectateur par son *Jugement dernier*. Quelle galerie que celle où figurent les Léonard de Vinci, les Fra Bartolomeo, les André del Sarto, les Corrége, les Carrache, les Titien, les Paul Véronèse et les Tintoret?

Il est toutefois à regretter que la peinture, en se perfectionnant pour la forme, soit descendue des hauteurs de l'idéal si pur qui, au siècle précédent, avait saisi la belle âme de Fra Angelico.

De son côté Palestrina sauve la musique en la ramenant à la dignité du chant grégorien.

L'éloquence a aussi son représentant: pourquoi faut-il qu'elle serve les téméraires audaces de Savonarole?

Nommons aussi Machiavel, ce fut un artiste en politique; mais si Néron infligea son nom aux tyrans, Machiavel flétrira du sien tout prince, tout ministre qui suivra ses maximes.

Sous l'influence des Médicis qui donnent des reines à la France, le mouvement artistique se communique à notre patrie. L'ancien Louvre, les Tuileries, les châteaux royaux d'Amboise, de Blois, de Fontainebleau, de Chambord, d'Ecouen appartiennent à cette grande école.

Les sciences physiques prennent leur essor. Le génie sûr et hardi du chanoine Copernic avait enfin reconnu le vrai système du monde. Képler et Galilée vérifièrent par l'expérience les calculs du génie.

Convenons qu'à cette époque les deux sciences les plus hautes, la théologie et la philosophie sont en décadence. Les beaux-arts éclipsent toutes les autres gloires de l'ordre intellectuel. Toutefois ne maudissons pas ce mouvement, puisque l'Eglise, elle-même, par la voix des Papes, fut la première à l'encourager.

Encore un peu, et, tandis que les découvertes espagnoles et portugaises préparent à la foi des conquêtes nouvelles, l'Italie et la France, reprenant au génie grec et romain les formes du beau naturel dans les lettres et dans les arts, en feront l'expression d'un idéal chrétien et surnaturel, et la Renaissance sera le triomphe complet de Jésus-Christ, qui comme Verbe est le premier type du beau dans tous les genres et à tous les degrés.

Mais à cette vue l'enfer s'émeut, la scène va changer.

C'était en 1517. Sur la place publique d'une ville

de Saxe nommée Wittemberg s'élevait un bûcher. Un moine s'avance, à la main il tient une feuille de papier qu'il jette dans le feu en disant : « Tu as troublé le sein de Dieu, que le feu éternel te trouble. » La feuille de papier était une bulle du Pape Léon X. Le moine s'appelait Martin Luther.

Affaiblie dans son influence sociale par le grand schisme d'occident, la papauté n'a pu réformer efficacement les races germaniques. Dieu va châtier. Quand Dieu veut châtier il ne prend ni une crosse, ni un sceptre ; il prend une verge. La mission de la crosse et du sceptre est de diriger, de protéger, de corriger même ; mais l'exécution est laissée au bourreau et à son valet, à l'être qui après le criminel est le plus méprisé. En d'autres termes, pour exécuter les hautes œuvres de sa justice, Dieu n'emploie ni le prêtre, ni le roi, il prend ce qu'il y a de plus vil et de plus infâme: le prêtre apostat et le roi tyran. Ou plutôt Dieu se retire et laisse agir l'enfer.

Donc alors, inspirés par le souffle infernal, Luther, Zwingle, Calvin, un moine, un curé, un clerc, trois libertins, puis Henri VIII, Elisabeth, deux libertins, deux tyrans, levèrent l'étendard d'un double libertinage, du libertinage de l'esprit, du libertinage de la chair. Bientôt, tout ce qu'il y avait de gangrené dans le clergé, dans la noblesse, dans le peuple, se détacha du corps de l'Eglise et forma la religion nouvelle, le protestantisme. Le sang corrompu, quand il s'échappe, délivre le corps de son influence délétère, et la santé reparaît. Ce fut ainsi que, en délivrant l'Eglise de ceux qui la souillaient, je veux dire de lui-même d'abord, puis de ses partisans, Luther la réforma.

Il y avait en ce temps-là deux princes ornés l'un et l'autre des plus beaux dons de la nature. Pour les élever chacun de leur côté au comble de la puissance, Dieu avait abattu coup sur coup deux et trois dynasties.

A l'un il avait donné, outre les nombreuses provinces héréditaires de la maison d'Autriche, la Flandre, une partie de la Bourgogne, les Espagnes avec la moitié de l'Italie et avec les trésors des Amériques, enfin l'empire d'Occident.

L'autre n'avait reçu que la France, mais une France unie, compacte, fidèle, brave comme son roi. Ce roi, beau, généreux, chevaleresque, se nommait François premier.

L'empereur s'appelait Charles-Quint. Depuis Charlemagne, jamais l'empire d'Occident n'avait eu pour le gouverner un chef aussi puissant. Charles-Quint, par le génie politique, était à la hauteur de sa puissance.

Le roi et l'empereur étaient l'un et l'autre sincèrement catholiques. Ce n'était pas sans dessein que Dieu les avait fait si grands.

Et cependant, en Allemagne, le moine apostat, séducteur et sacrilége, en France, le clerc marqué pour infamie, Luther et Calvin, pourront bouleverser la société chrétienne, jusque dans ses fondements.

Charles-Quint fut un politique habile, François premier fut un brave chevalier ; mais le caractère leur manqua. D'ailleurs ils ne comprirent pas leur mission. Aveuglés par la jalousie, ils tournèrent l'un contre l'autre une force que Dieu leur avait donnée pour défendre la chrétienté contre le plus formidable des sultans, Soliman, dit le Magnifique, et contre la révolution non moins antisociale qu'antireligieuse dont Luther et Calvin venaient de lever l'étendard.

Dieu remplacera donc les rois, ici par des héros, là par des saints.

Déjà Scanderbeg, Hunyade, Mathias Corvin et d'Aubusson, par des prodiges de valeur et de génie, ont brisé l'élan du vainqueur de Constantinople et de ses hardis successeurs. Un grand-maître de Saint-Jean, l'Isle-Adam, avec six cents chevaliers, arrêtera pendant un an devant Rhodes les deux cent mille Turcs de Soliman le grand qui ne triomphera enfin que grâce à la trahison d'un indigne chevalier. Mais devant Malte, défendue par Lavalette. ce même Soliman sera moins heureux. Cette fois il ne rencontra que des guerriers et pas un traitre. Un Pape, saint Pie V, par sa prière autant que par la flotte qu'il a réunie sous les ordres de Juan d'Autriche, frappera devant Lépante un coup qui sera la revanche de la prise de Constantinople et dont la puissance musulmane ne se relèvera pas.

Le protestantisme a triomphé dans le nord. La corruption des mœurs avait préparé ce genre de réforme. La France n'était pas descendue à ce point. Se voyant trahis par la politique de Catherine de Médicis et par la mollesse de Henri III, les catholiques français, sans se soulever, se liguent pour défendre leur foi. La famille héroïque des Guise se dévoue pour assurer au royaume très-chrétien la liberté de demeurer catholique.

Cependant le Concile de Trente foudroyait l'hérésie protestante, et Dieu donnait à son Eglise un secours nouveau dans la personne d'Ignace de Loyola, fondateur d'une Compagnie qui, par sa constitution même, était la contradiction vivante de l'esprit protestant. Déjà un des premiers compagnons d'Ignace, François Xavier, amenait à la vraie foi plus de régions que la fausse réforme ne lui en avait enlevées.

Des papes énergiques, Pie IV, saint Pie V, Grégoire XIII et le redoutable Sixte-Quint poussent la conclusion et l'exécution du Concile et soutiennent les princes et les peuples catholiques dans la lutte contre l'hérésie. Vainement la sanglante Elisabeth, inaugurant la nouvelle politique anglaise, soulève et soutient partout le protestantisme et les révolutions qui en sont la conséquence. Si Dieu, livrant à la tempête l'invincible Armada, ne permet pas au roi catholique de venger l'assassinat de l'infortunée Marie Stuart, le Salomon de l'Espagne saura du moins préserver ses royaumes du fléau de l'hérésie. Il fera plus. Par les secours fournis à la Ligue, il contre-balancera l'assistance que les Huguenots français recevaient contre leur patrie des protestants anglais et allemands. Ainsi Philippe II, concourut à conserver à la France la vraie foi et à mettre Henri de Navarre dans l'impossibilité de devenir Henri de France sans devenir catholique.

On a voulu faire un siècle païen de celui qui s'ouvre par la catholique Isabelle et qui se termine par l'abjuration de notre Henri IV. On aurait donc oublié que tout ce qui fut grand alors, dans le gouvernement et dans la guerre aussi bien que dans les lettres et dans les arts, fut chrétien et catholique. Cette période, en effet, est l'époque littéraire et artistique des deux péninsules catholiques : de l'Italie, nous l'avons vu, et de l'Espagne qui, sous Philippe II, produit son célèbre Cervantes et son merveilleux Lope de Véga, tandis que le Portugal enfante son Camoëns. Cette période est l'époque des grands dévouements politiques, militaires et religieux. Les Isabelle et les Emmanuel le Grand, les Ximenès et les Gonzalve de Cordoue, les Christophe Colomb et les Vasco de Gama, les Fernand Cortès et les Albuquerque le Grand, les Bayard et les Guise, les d'Aubusson et les Lavalette, les ducs d'Albe et les don Juan d'Autriche, les Philippe II et les Henri IV, tels sont les hommes de ce siècle au point de vue politique et militaire. Or ces hommes ne furent pas seulement de grands guerriers ou de grands politiques ; ils furent aussi, par la foi du moins, sinon tous par la vie, de grands chrétiens.

Et puis, comment un siècle païen aurait-il donné au monde des saints comme les Ignace de Loyola, les François Xavier, les François de Borgia, les Thérèse, les Pierre d'Alcantara, les Jean de la Croix, les Philippe de Néri, les Camille de Lelli, les François de Sales, les Canisius, les Charles Borromée et enfin le grand et saint pontife Pie V.

— Mais, dit-on, ce fut le siècle de Luther, de l'hérésie protestante et des crimes qu'elle enfanta !

— Mais, dirai-je à mon tour, le siècle de saint Pierre fut le siècle de Néron, le siècle de Constantin fut celui de Julien, le siècle d'Athanase fut celui d'Arius, l'époque de Léon le Grand fut celle d'Attila, celle de Grégoire VII fut celle de Henri IV d'Allemagne, celle d'Alexandre III fut celle de Frédéric Ier ; au temps d'Innocent III on vit les Albigeois, au temps de saint Louis paraît Frédéric II, et plus tard le siècle de Louis XIV et de Bossuet sera celui de Cromwel et de Jansénius, enfin celui de Pie IX sera celui de ..ne les nommons pas.

Le contraste fait ressortir le beau ; la lutte fait ressortir la force. Que serait Michel sans Lucifer? que serait Moïse sans Pharaon ? que seraient David sans Goliath ? Elie sans Achab ? les Machabées sans Antiochus ? les martyrs sans les Césars bourreaux ?

Jésus lui-même tout grand qu'il est, Jésus tout Dieu qu'il est, Jésus, sans la croix, ne paraîtrait pas ce qu'il est. S'il a reçu un nom, un nom au-dessus de tout nom, c'est qu'il s'est humilié, s'étant fait obéissant jusqu'à la mort et à la mort de la croix : *Humiliavit semetipsum, factus obediens usque ad mortem, mortem autem crucis*, et c'est pour cela que Dieu le Père l'a exalté et lui a donné un nom qui est au-dessus de tout nom : *Propter quod et Deus exaltavit illum et donavit illi nomen quod est super omne nomen.*

Que le siècle de la Renaissance soit le siècle de la Réforme, je ne le nie pas. Mais le siècle de la réforme protestante est aussi le siècle de la réforme catholique par le Concile de Trente ; mais le siècle de l'infâme et cruelle Élisabeth est aussi le siècle de la grande et catholique Isabelle ; mais le siècle d'un Henri VIII est aussi le siècle d'un Philippe II, nom trop abhorré des protestants, des sophistes et des libéraux pour n'être pas celui d'un vrai catholique et d'un défenseur de l'Église ; enfin, le siècle des conquêtes de Satan par Luther fut le siècle des conquêtes de Jésus-Christ par Xavier ; le siècle de la grande apostasie allemande et anglaise fut celui de l'abjuration de Henri IV, triomphe le plus glorieux peut-être et le plus difficile que la foi ait jamais fait remporter à une nation sur son roi.

Honneur donc à une période qui fut grande, précisément parce que pour l'Église et pour la foi, bien plus encore que pour les lettres et pour les arts, elle fut une époque de renaissance.

IX

Mais voici le grand siècle, le grand roi, la grande nation ! Cette grande nation, c'est la France. On dirait que pour élever le royaume très-chrétien, autour de lui tout descend et s'abaisse, et, chose étrange, c'est le protestantisme qui, par ses triomphes même, produit cet abaissement général.

Ici, l'Angleterre accepte et subit le joug d'un tyran cynique et cruel qui, après avoir juridiquement assassiné un roi honnête, règne en despote sous le titre de protecteur : il se nommait Cromwell.

Là, aidée par les armes d'un guerrier protestant, Gustave-Adolphe, et plus encore, il faut l'avouer, par la politique du ministre d'un roi très-chrétien, d'un cardinal de l'Église romaine, l'Allemagne protestante, malgré le génie des Wallenstein et des Tilly, l'emporte sur l'Allemagne catholique. Or l'abaissement de l'Autriche en Allemagne amène celui de l'Espagne, qui alors était gouvernée par la même maison, et celui de l'Italie, qui alors aussi était presque tout entière sous la domination espagnole.

Richelieu n'eut que le génie du présent. Il ne vit pas que, grâce à son unité territoriale, nationale et politique, la France était assez forte pour ne pas redouter deux puissances divisées d'origine, de langues, de mœurs, de frontières et d'intérêts, comme l'étaient l'Autriche et l'Espagne. Il était dès lors évident que, malgré la parenté de leurs souverains, ces deux états ne pouvaient pas demeurer unis. Chacun d'eux avait assez à faire, l'un avec ses colonies, l'autre avec ses populations si diverses, pour ne donner aucun souci à la France. Mais Richelieu ne comprit point l'avenir. A peine même comprit-il le présent. Au dehors il éleva les protestants qu'il abaissait au dedans, comme si une grande puissance hérétique sur le continent, ajoutée à une grande puissance hérétique au-delà du Pas-de-Calais, n'était pour la nation très-chrétienne un péril non moins imminent que la présence de quelques milliers de protestants au sein du pays.

Puis, aveuglé par la jalousie qui ne fut jamais l'apanage des grands esprits et des grands cœurs, mais qui s'allie très-naturellement avec la ténacité et avec l'habileté politique, cet homme, pour rester le maître auprès du roi, abattit la noblesse. Il ne s'aperçut pas, apparemment, qu'en retirant à la royauté ses contreforts, il la livrait sans défense aux flots de la révolution ; il ne s'aperçut pas, cet aigle, que si la noblesse contrebalançait le roi, elle contrebalançait aussi le peuple, et qu'ainsi elle maintenait l'équilibre entre les deux plateaux de la balance. L'histoire cependant atteste ce que la raison déclare, savoir que pour constituer un état, trois éléments sont nécessaires : le prince, les grands, le peuple. Otez-en un : reste l'oscillation continue entre l'anarchie et le despotisme, entre la Convention et Napoléon.

Un ministre italien, Mazarin, consommera l'œuvre extérieure de Richelieu par le traité de Westphalie, contre lequel Rome protesta, parce qu'il livrait à des princes hérétiques des peuples catholiques et qu'il consacrait l'indifférence religieuse et les faits accomplis.

Satan s'est joué de l'Église en usant de deux cardinaux pour opérer ce qu'on a nommé l'apostasie des peuples européens. Depuis lors, il y a encore des catholiques, il en existe autant, et même plus qu'autrefois ; mais aujourd'hui (1877) il n'existe plus une seule nation qui, comme nation, forme un corps catholique. Ce résultat, renversement du moyen âge, est l'œuvre et le chef-d'œuvre du traité de Westphalie. Les mains infernales durent applaudir.

Mais Dieu, à son tour, se joue de la politique humaine et diabolique. — Il donne à la France un enfant qui, malgré les efforts de Mazarin pour en faire un prince qu'il puisse gouverner à son gré, sera le grand roi.

Le jour de la mort du Cardinal, les ministres vinrent trouver Louis et lui demandèrent à qui dorénavant ils devaient s'adresser pour les affaires. « A moi, » répondit le monarque. Le grand règne commençait.

Comme Salomon, Louis XIV représente l'ordre. La régularité de sa journée rappelait la régularité du soleil. Autour de l'astre de la France graviteront, chacune dans sa sphère, toutes les grandeurs et toutes les gloires.

Dans l'ordre militaire il suffit de nommer Condé, Turenne, Luxembourg, Vauban, Vendôme, Villars, Catinat et le ministre Louvois ; sur mer Tourville et

Duquesne. Et la France eut à lutter, et souvent seule, contre l'Europe coalisée, ayant à combattre sur terre un Montecuculli, un Mercy, un Malborough, un prince Eugène, et sur mer un Ruyter.

Dans l'ordre civil un nom domine tous les autres, celui de Colbert qui fut le génie du commerce et des finances. Malheureusement cet homme, si intelligent dans la sphère des intérêts matériels, ne sut pas s'élever au point de vue social et religieux et il entraîna Louis XIV dans une faute capitale.

En même temps que, par les armes, par l'industrie et par le commerce, la France fait éclater sa force matérielle, par sa plume et par sa parole elle manifeste sa puissance intellectuelle.

Les sciences, les lettres, les arts semblent en effet s'être donné rendez-vous en France pour élever le siècle de Louis le Grand.

La théologie se tient à son rang dans les écrits des Pétau, des Bossuet, des Fénelon.

Si en philosophie Descartes a eu l'imprudence de tout renverser pour reconstruire tout à neuf, si Malebranche, trop hardi, s'imagine voir tout en Dieu, Bossuet, avec ce bon sens supérieur qui est le trait saillant de son génie, résume la doctrine d'Aristote et de saint Thomas sur l'homme et ses facultés ; et si l'allemand Leibnitz s'égare dans l'optimisme et dans l'harmonie préétablie, il a du moins le mérite de confondre le scepticisme de Bayle et le sensualisme de Locke, disciple trop conséquent du chancelier Bacon.

Le mouvement imprimé aux sciences du monde matériel par les Copernic, les Képler et les Galilée, se poursuit sous l'impulsion des Descartes, des Leibnitz, des Newton, des Cassini, des Huygens, des Torricelli.

Les arts sont dignement représentés : la peinture par Poussin, Champagne, Le Sueur, Le Lorrain, en France ; Rubens, en Flandre ; Rembrandt, en Hollande ; Murillo, en Espagne ; l'architecture par Mansard et Perrault ; la musique par Lulli.

Mais le trait spécial du grand siècle, ce qui en fait l'expression la plus haute du génie humain, c'est la parole, le style, les lettres, en deux mots la poésie et l'éloquence.

Et d'abord la poésie. Corneille fait parler et agir des hommes, comme on en vit rarement, mais comme il devrait s'en rencontrer souvent. — Racine montre les hommes tels qu'ils sont, et tels qu'ils sont au temps et au pays de Louis XIV : ses Grecs et ses Romains sont des Français du dix-septième siècle. — La Bible, l'Église et la France offraient des sujets dignes du drame. *Esther* et *Athalie* montrent ce que l'on pouvait et ce que l'on devait faire.

Molière, tout en restant français, imprime le sceau du ridicule aux pédants, aux précieux, aux avares, aux vaniteux, aux parvenus et aux tartufes de toutes les époques et de toutes les régions. Il est fâcheux que le comique touche de si près au bouffon et au trivial.

Dans son fablier, La Fontaine donne une vraie épopée. On a contesté la moralité de ses fables. Sans prétendre justifier toutes les malices du *bonhomme*, il faudrait cependant comprendre que chez lui l'ironie est à peu près continue. Le poète prend l'égoïsme humain sur le fait ; il le laisse se montrer tel qu'il est. Certaines choses n'ont besoin que de paraître pour être jugées et condamnées. Telle cette maxime, expression d'un fait qui, en politique, est vieux et neuf : « La raison du plus fort est toujours la meilleure. » Ne s'est-il pas rencontré des critiques assez naïfs pour croire que, dans la pensée du fabuliste, la force en effet constituait le droit? — Je ne parle pas des *contes*. La licence s'y met à l'aise. Le cilice les a condamnés ; espérons qu'il les aura expiés.

Boileau a pu se tromper sur quelques points ; mais la plupart de ses arrêts sont sans appel. C'est le bon sens qui les a dictés.

Il est fâcheux que Pascal ait perdu un temps précieux et compromis sa réputation d'honnête homme en s'acharnant contre des religieux qui, quoique tués par les *Provinciales*, vivent et vivront plus longtemps que le jansénisme. Ce jeu du grand calomniateur ne lui a pas laissé le loisir de mettre en ordre et de compléter les *Pensées* qui, empruntées en partie aux saints Pères, promettaient un monument.

On peut au reste se consoler de cette perte. Un cours complet de religion nous est offert dans les *Sermons* de Bourdaloue, si justement appelé le prédicateur des rois et le roi des prédicateurs.

Les *Caractères* de la Bruyère sont peut-être pris d'après nature, mais d'après la nature telle qu'elle se retrouve partout et toujours. C'est le privilége étonnant des hommes de l'époque du grand roi. Comme Louis XIV lui-même, ils sont de leur temps et à la fois de tous les temps. Le roi disait : L'État, c'est moi; chacun de ces grands écrivains dans sa sphère peut dire : Le monde, c'est moi.

Doué d'une âme trop belle, Fénelon découvre partout un idéal souvent chimérique. Excessif dans sa métaphysique, il se hâte trop de voir tout dans l'être divin; excessif dans son ascétisme, il rêve un amour trop désintéressé; excessif dans sa politique, avec l'apparence d'un républicain, il serait le plus absolu des rois; excessif dans sa rhétorique, il imagine un orateur à peu près impossible; excessif dans sa poétique, ses théories ont été avouées de l'école romantique, comme ses utopies sociales l'ont été des révolutionnaires, et cependant qui fut plus classique, plus monarchique, plus religieux que l'auteur de Télémaque ?

L'aimable et idéaliste Fénelon fait ressortir la majesté sévère et positive de Bossuet. Quand le siècle de Louis le Grand n'aurait produit que le *Discours sur l'histoire universelle*, c'en serait assez pour l'élever au niveau des plus brillantes époques sous le rapport intellectuel. Histoire, théologie, philosophie, politique, esthétique, tout se rencontre dans ce chef-d'œuvre. Pourquoi faut-il que, chez Bossuet, l'indépendance et la fermeté du caractère n'aient pas répondu à la hauteur et à la fierté du génie ? Le rédacteur de la déclaration de 1682 se réduisait par cet acte à l'impuissance de reprendre son discours et d'y atteindre Charlemagne. Car Charlemagne est déjà la condamnation pratique des quatre articles, condamnés, ajoutons-le, par Louis XIV lui-même, quand il eut compris l'erreur où l'avait engagé un ministre, financier trop habile, encore un coup, pour apprécier les intérêts sociaux et religieux des nations.

La déclaration de 1682 et la défense de ces funestes articles impriment donc au nom de Bossuet une note ineffaçable; mais ce n'est pas un motif de fermer les yeux sur les splendeurs de ce génie puissant. Il y a des taches dans le soleil, cependant, nous ne refusons pas sa lumière.

Controversiste invincible, quand il est dans le vrai, Bossuet, par l'*Histoire des Variations*, réduit à néant la grande hérésie des derniers temps. — Avec lui, l'homme, par la *connaissance de soi-même*, s'élève à la *Connaissance de Dieu*. — Il a *tiré de l'Écriture sainte* une *Politique*, qui, pour être respectueuse envers les rois, représentants de la divine majesté, ne laisse pas d'être plus libre et plus indépendante que les utopies soi-disant libérales d'une autre époque. — Dans ses *Oraisons funèbres*, le sublime orateur pose les vrais principes de la grandeur et du gouvernement. — Enfin, ses *Sermons*, comme ceux de Bourdaloue, offrent un cours complet de théologie, et ses *Élévations sur les mystères* sont une épopée.

Massillon écrit si bien qu'il ne peut se lasser de sa phrase, et qu'il finit par y noyer et y fondre sa pensée.

D'après ce coup d'œil d'ensemble, on voit quel fut à cette époque le principe de la grandeur. Tous les hommes de génie alors sont des hommes de foi, et c'est à la foi qu'ils doivent leur supériorité. Les chefs-d'œuvre de nos deux grands poètes, Athalie et Polyeucte, sont inspirés par la religion. Celui du protestant Leibnitz est un système de théologie dans lequel il se montre presque entièrement catholique. Un autre protestant, le grand Newton, ne peut entendre prononcer le nom de Dieu sans incliner la tête.

Les grands guerriers sont des hommes de foi. Ils

peuvent céder aux entraînements de la passion : cela s'est vu à toutes les époques ; mais ils meurent humbles et repentants.

Enivré par le succès et par l'admiration universelle, Louis se laisse éblouir par les illusions de l'orgueil et par les appas de la volupté. Dieu nous garde d'excuser l'insolence envers le Vicaire de Jésus-Christ, et le libertinage dans les mœurs. Mais en ce siècle, tel est l'empire de la religion que, sans attendre la vieillesse, comme il arrive trop souvent, Louis, à l'âge de quarante-sept ans, se range sous la loi de Dieu. A partir de ce moment, ses mœurs sont irréprochables.

L'affaire des Franchises, celle de la Régale, la Déclaration des trente-quatre prélats de 1682, si fiers contre le Pape, si souples devant le ministre des finances, autant de fautes graves qui furent le fait du roi et que les influences subalternes ne sauraient excuser. Mais Louis a reconnu ses torts, et par un désaveu formel des quatre articles, il est redevenu, de fait comme de nom, le fils aîné de l'Église.

Il n'est pas bon toutefois de toucher au Pape. A partir de la téméraire Déclaration, l'étoile du grand roi pâlit. Contraint de faire la guerre, quand il n'aspire qu'à la paix, Louis voit les succès de la première période de son règne remplacés par des revers.

Ce revirement nous apparaît comme un châtiment et comme une récompense : Châtiment sur le prince qui s'est oublié envers le Pape, et sur le peuple qui s'est associé aux excès de son roi ; récompense pour le prince qui eut le rare courage de reconnaître sa faute et de la réparer.

Oui, récompense ; car le malheur ne servit qu'à

faire éclater la grandeur de Louis. Tant qu'il eut sous la main des généraux tels que Condé, Turenne, Luxembourg, Catinat, des ministres comme Louvois et Colbert, on put croire que sa force reposait sur son entourage. Mais quand Dieu lui eut retiré ces puissants auxiliaires et que n'ayant plus que deux grands guerriers à opposer à l'Europe coalisée et pas un seul ministre capable pour diriger les affaires, on le vit aussi calme, aussi ferme, aussi résolu qu'aux jours de sa plus brillante prospérité, et que, finalement, le succès eut couronné ses derniers efforts, il fallut bien reconnaître que ce n'était pas seulement le cortége, mais le roi lui-même qui était grand.

Il en est qui mettent la révocation de l'édit de Nantes au nombre des fautes de Louis XIV. Ils oublient sans doute que le célèbre édit fut violé d'abord par les protestants eux-mêmes qui, par l'abus qu'ils firent des concessions de Henri IV, en rendirent la révocation légitime et nécessaire.

On a reproché à Louis XIV ce mot : « L'État, c'est moi. » Le mot est de saint Thomas; et saint Thomas serait fort surpris, ainsi que toute la société chrétienne du moyen âge, si on l'accusait de favoriser l'absolutisme, lui, saint Thomas, qui déclare que, dans le cas de tyrannie, c'est le tyran qui est le séditieux. Et, cependant, c'est ce même docteur qui proclame que le prince est l'état tout entier : *Princeps dicitur esse tota civitas*.

Malheur au peuple dont le Souverain ne dit pas : L'État, c'est moi; malheur à la famille dont le chef ne dit pas : Ma famille, c'est moi; malheur à l'armée dont le général ne dit pas : L'armée, c'est moi; malheur à tout inférieur dont le supérieur ne dit pas : La communauté, c'est moi : Celui qui touche l'État, la famille, l'armée, la communauté, me touche ; je tiens pour fait à moi-même, tout ce que aurez fait au moindre des miens.

Si le prince ne se regarde pas comme identifié avec l'État, s'il n'aime pas l'État comme lui-même, s'il se distingue de l'Etat, si le prince et l'État font deux, l'État n'est pour le prince qu'une métairie qu'il exploite, un troupeau qu'il engraisse, mais pour le tondre, mais pour le traire, mais pour le dévorer ou pour le vendre.

Louis XIV ne se distingua pas de la France : par la France et avec la France, il fut grand; avec lui et par lui, la France fut grande. Les revers même de la période finale, après avoir servi d'expiation aux fautes de la première, se tournèrent en succès, et la dernière entreprise de Louis le Grand réussit comme les autres : son petit-fils s'assit sur le trône d'Espagne.

Or, si la France fut grande avec Louis XIV, c'est que alors, plus que jamais, elle fut le royaume très-chrétien, étendant l'action de l'Église à tous les points du globe, par les missionnaires qui, partis de son sein, furent constamment soutenus par le grand roi, ici, au centre même de l'empire turc et de l'empire persan, là, dans une partie des Indes et dans l'empire annamite, à l'extrême Orient dans l'empire chinois, à l'Occident dans les rudes forêts de l'Amérique du Nord.

Enfin, tel fut, en ce temps-là, le prestige de la France, que, l'histoire de ce règne est, pour ainsi dire, l'histoire de l'Europe, et par là même, l'histoire du monde entier. Car, selon le mot de cet Allemand qui, après Bossuet, fut peut-être le plus étonnant génie de cette époque, Louis XIV faisait seul le destin de ce siècle. En Europe, on ne l'appelait que le Roi.

Il est trois personnages toutefois qui, alors, représentent une action indépendante de l'influence française. L'un rappelle le dernier éclat d'une nation héroïque; l'autre étonne par l'incroyable audace de ses exploits; le troisième essaya le premier de civiliser un peuple qui, doué de grandes qualités, n'a encore marqué dans le monde que par la féroce hypocrisie de ceux qui le gouvernent. Sobieski, Charles XII, Pierre le Grand ! Quel contraste !

Sobieski est le héros du dix-septième siècle. Il fut le type du guerrier chrétien, l'effroi des Turcs, le rempart de l'Europe. Il sauva l'Autriche et, en cette circonstance, l'Empereur Léopold se montra aussi petit et aussi ingrat que Sobieski avait été généreux et magnanime. — Et après un tel homme, la Pologne est tombée ! Les politiques expliquent sa chute par le vice de son mode de gouvernement. Mais que de nations ont vécu avec un régime encore pire ! la Pologne même n'avait-elle pas subsisté jusque-là ? Mais la Pologne avait commis des fautes, et comme d'autre part, elle avait bien mérité de la chrétienté, Dieu ne voulut pas l'abandonner à sa vie coupable comme certains criminels qui ne doivent être récompensés qu'ici-bas pour le peu de bien qu'ils ont fait. La Pologne devait être éprouvée dans le temps et pendant un temps, parce qu'elle devait ressusciter. Plaignons la nation martyre; mais plaignons plus encore ses bourreaux, les héritiers de la politique de ce Pierre qui, on ne sait pourquoi, fut appelé le Grand; plaignons surtout les puissances qui se sont partagé la victime. Le partage de la Pologne sera vengé et l'avenir verra d'autres partages. Un jour viendra, et ce jour pourrait bien approcher, où, se déchirant les uns les autres, les trois aigles disparaîtront. L'aigle noir revivra. En d'autres termes, l'aigle d'Autriche, l'aigle de Prusse, l'aigle de Russie feront place à l'aigle noir de la Pologne. Puisse la France concourir à la réparation de l'une des plus criantes iniquités du siècle qui suivit l'époque de Louis XIV !

Concluons. Nous n'avons pas dissimulé les fautes du grand roi; ces fautes sont graves, mais elles ont été réparées. On a comparé Louis XIV à Salomon. Pour être juste, la comparaison doit être retournée. Salomon commença bien et finit mal, Louis finit comme il aurait dû commencer. Enfin, quels sont les détracteurs du grand roi ? Les jansénistes, les parlementaires, les protestants, les sophistes du dix-huitième siècle et ceux du dix-neuvième, un Saint-Simon, un Voltaire, et de nos jours les libéraux, c'est-à-dire les adversaires de toute autorité religieuse et civile. Il serait bien étonnant qu'il ne fût pas grand cet homme qui offense tous les yeux qu'offusque la grandeur.

X

Ici se présente un siècle qu'on voudrait vouer à un éternel oubli, un siècle où toute chair avait corrompu ses voies et où un déluge d'impiété préparait le déluge de sang qui couvrit la France et l'Europe. Ce siècle a reçu un nom; il s'appelle le siècle de Voltaire. Cet homme devait noter de son nom le siècle de la Régence et de Louis XV, le siècle des désastres de la France, de l'Espagne, de l'Autriche, en un mot des puissances catholiques, le siècle des triomphes de l'Angleterre, de la Prusse, de la Russie, ou des puissances hérétiques et schismatiques, le siècle du partage de la Pologne et des autres iniquités qui appelèrent le cataclysme de 89.

Quatre-vingt-neuf est une date fameuse. Elle ouvre une ère nouvelle. Le siècle de Louis XIV fut grand par l'unité, le suivant se distingue par la variété, disons mieux, par la variation. C'est la révolution en permanence. Si cette époque est grande, elle le sera par le contraste.

Grandeur du crime d'abord. Lucifer se voit dépassé. Le premier révolutionnaire avait dit : *Non serviam,* je ne servirai pas. Mais il avait trop d'intelligence pour nier Dieu. Ce qui caractérise le révolutionnaire moderne, c'est le manque d'intelligence. Il faut lire les déclamations des hommes de 89. de 93, dépassées par celles des révolutionnaires contemporains (1872-77), et surtout par les proclamations de cet homme ridicule dont ils ont fait leur héros de parade.

Lucifer donc avait dit : *Similis ero Altissimo,* je serai semblable au Très-Haut; il n'avait pas dit : Je serai Dieu. Il fallait être homme, mais homme issu de Voltaire, pour adorer sa propre raison personnifiée dans une infâme créature.

Une poignée de scélérats, un Marat, un Danton, un Robespierre, s'imposent au peuple des Clovis, des Charlemagne, des saint Louis, des Henri le Grand, des Louis le Grand, au peuple très-chrétien, au peuple qui dix fois s'est armé pour maintenir la liberté du Vicaire de Jésus-Christ, au peuple qui sept fois s'est croisé pour délivrer le tombeau de Jésus-Christ, au peuple qui s'est ligué pour s'assurer à lui-même la liberté de garder sa foi catholique : une poignée de bandits suffit pour tenir la France sous l'empire de la Terreur.

Grand Dieu ! quel crime donc nos pères ont-ils commis ? — La France de Charlemagne et de saint Louis était devenue la France d'un Orléans et d'un Louis XV ! Les fils des croisés avaient hésité devant les fils de Voltaire ! Mais la France n'est pas la seule coupable. Après avoir souvent reçu l'influence de la France très-chrétienne, l'Europe avait accepté l'influence de la France voltairienne, et la France sera châtiée, et l'Europe sera châtiée.

Au nom de l'égalité qu'ils ont proclamée, et pour l'établir, les fils de 89 suppriment tous les droits : propriété, paternité, royauté, sacerdoce, divinité. Tout est nivelé par le marteau du démolisseur et par le couperet du bourreau. Dieu seul échappe, parce que contre lui la puissance de ces forcenés se réduit à la négation.

Alors paraît un homme prodigieux, qui, comme il l'a dit de lui-même, tenait du renard plus encore que du lion. On le vit d'abord broyer par la mitraille, et sur le quai même de Voltaire, une révolution dont il se déclarait le fils. Puis le nouvel Attila se mit à balayer en Europe tous ces rois et tous ces empereurs, unis hier encore pour enchaîner l'Église et pour ruiner le pouvoir du Pape, seul soutien de l'autorité des rois, seule garantie de la liberté des peuples.

Déjà aux applaudissements de l'hérétique Angleterre, un Pape avait été renversé par cette France qui, sous la conduite des Charlemagne et des saint Louis, défendait jadis le Vicaire et la Croix de Jésus-Christ.

Le successeur de Pie VI, le doux Pie VII, aura le même sort. Le vainqueur des peuples et des rois s'était ri des foudres du Pontife. «Croit-il donc, s'était-il écrié, que ses excommunications feront tomber les armes de la main de mes soldats? » Elles tombèrent cependant, et le prisonnier de Sainte-Hélène sut, mais trop tard, qu'il n'est pas bon de mettre la main sur le Pape. L'agneau, dans sa faiblesse, a été plus fort que le lion, et dans sa simplicité, il s'est trouvé plus sage que le renard.

Telle est la première phase de cette période! Jugez par la profondeur de la vallée, quelle sera la hauteur de la montagne !

Déjà, du reste, au sein de cette nuit que la déclaration de 89 étendit sur la France, la foi antique avait jeté des lueurs qui annonçaient que le royaume très-chrétien ne devait pas apostasier comme l'Angleterre et comme l'Allemagne.

Les fils des croisés, nous l'avons dit, avaient subi l'influence de Voltaire et d'une cour corrompue. Plusieurs avaient eu la naïveté d'applaudir aux premiers élans d'une révolution qui déclarait les droits de l'homme, comme si l'homme jusque-là eut ignoré ses droits.

Mais la Révolution ne proclamait les droits de l'homme que pour abolir les droits de Dieu. Un jour vint où elle exigea le sacrifice de la foi.

Or, on sait avec quelle générosité la noblesse et le clergé sacrifièrent les priviléges par lesquels les peuples et les rois avaient voulu éterniser le souvenir de leur reconnaissance pour le dévouement du prêtre et du guerrier. Mais quand on les somma de trahir la double foi qu'ils devaient à Dieu et au roi, alors le clergé français, ce clergé corrompu, disait-on, par la richesse et par la puissance, le clergé français périt sur l'échafaud et sur les pontons; alors la noblesse française, cette noblesse naguère si légère, se releva sous les coups du malheur et tomba martyre de la fidélité, de l'honneur et de la religion; alors aussi le peuple français, ce peuple qu'on disait esclave, ce peuple qu'on supposait impatient d'écharper les nobles et les prêtres, le peuple se leva, — mais contre les libérateurs sanguinaires qui, au nom des droits de l'homme, lui enlevaient ses prêtres et ses seigneurs, c'est-à-dire ses pères et ses défenseurs. Car, il importe de ne pas l'oublier, les sophistes de 89 ont pu surprendre le peuple, les bourreaux de 93 ont pu lui imposer la terreur, mais ils n'ont pu l'associer à leurs forfaits. Pour se donner des complices, il leur fallut ouvrir les bagnes et faire appel à l'écume des cités.

On pense bien qu'à cette époque de sang et de fange, les lettres et les sciences disparurent comme le reste. La Révolution, autant qu'elle le pouvait, annulait tout ce qu'il y avait de grand. Issue d'une jalousie haineuse contre toute supériorité, fondée sur l'utopie d'une égalité chimérique, accomplie par des hommes qui, incapables de s'élever au-dessus du vulgaire, n'avaient d'intelligence et d'énergie que pour le crime, la Révolution abattit tout ce qui dépassait le niveau de la populace. Sacerdoce et églises, noblesse et châteaux, sciences et arts, génie et vertu, tout ce qu'elle put atteindre tomba sous les coups de son vandalisme.

Quand l'ouragan fut passé, la poésie, la première, essaya ses ailes. Un poète en prose osa célébrer le *Génie du christianisme.* Une ère nouvelle s'ouvrait pour la littérature. Le jansénisme de Boileau, par un respect exagéré, avait interdit au poète les inspirations de la Bible, et il fallut l'Esther et l'Athalie de Racine pour révéler au sévère critique la vraie source de la poésie. Mais il était trop tard. Survint la froide et fausse philosophie de l'école de Voltaire qui glaça les âmes; le calcul remplaça l'enthousiasme, l'étude de l'homme et de Dieu s'effaça devant l'étude de la matière. Aussi le *Génie du Christianisme* de Châteaubriand fut à la fois une hardiesse et pour les artistes une révélation. Enfin les dieux et les héros de la mythologie firent place à Dieu, à ses anges, à ses saints, et les grandeurs de la Grèce et de Rome se retirèrent devant nos gloires nationales et chrétiennes.

Malheureusement, nos deux poètes se fourvoyèrent. Lamartine rêva, et les cordes détendues de sa lyre ne donnèrent le plus souvent qu'une harmonie vague et plaintive. — Hugo, qui aurait pu rappeler Corneille, se roula dans le sang et dans la fange, et prenant le laid idéal pour le beau, il ne vit et il n'exprima que le monstrueux. — La France attend encore son poète national.

L'Allemagne est plus à plaindre. C'est en ce siècle qu'enfin ont paru ses poètes. Mais Schiller dénature l'histoire. Sa muse protestante ne comprend pas les gloires catholiques. Goethe, dans son *Faust*, se fait l'écho poétique du panthéisme de ses compatriotes philosophes. — Si cependant il est permis de profaner le titre de philosophe en l'appliquant aux Kant, aux Fichte, aux Schelling, aux Hégel.

Rentrons en France : la philosophie s'y trouve également compromise, d'un côté par Cousin, qui se fait l'écho français des sophistes allemands, de l'autre, par l'infortuné Lamennais qui, formé, ce semble, à l'école du sauvage Rousseau, après avoir étonné par les exagérations de son *Essai sur l'indifférence en matière de religion*, se laisse entraîner, par la haine de la raison, à l'abîme où d'autres furent jetés par la haine de la foi, au panthéisme, ou plutôt à l'égoïsme, à l'adoration du moi identifié avec le monde et avec Dieu.

Toutefois pour l'honneur de notre époque et pour celui de la philosophie, hâtons-nous de protester contre la naïveté de ces hommes qui, disciples, les uns de Lamennais, les autres de Cousin, s'imaginent que entre la philosophie et la théologie, entre la raison naturelle et la tradition catholique, il existe une opposition nécessaire. Comme si entre la vérité et la vérité le désaccord était possible ! Pour avoir méprisé la surveillance de l'Église, quelques intelligences se sont perdues dans le Dieu-Tout et dans le Dieu-Néant; mais la philosophie, par l'organe des Bonald et des de Maistre, en France, des Balmès et des Donoso Cortès, en Espagne, a repris sa place à la tête des sciences, pour ne le céder qu'à la théologie, toujours reine dans les sphères intellectuelles, soit qu'elle parle, soit qu'elle écrive, par l'organe des Frayssinous, des Mac Carthy, des Lacordaire, des Ravignan, des Félix, des Guéranger, des Pie et des Freppel, en France, des Wiseman, des Newman, des Faber et des Manning, en Angleterre.

Ne faites pas non plus à notre temps l'injure de n'y voir que le progrès des sciences et des arts qui ont pour objet la matière. Si la vapeur dépasse les plus rapides coursiers et défie la tempête, si le gaz change la nuit en jour, si la foudre se fait la messagère de nos pensées, si le soleil saisit notre portrait, si les Laplace, les Cuvier, les Ampère, les Cauchy, les Biot, les Arago, les Herschell, les Leverrier, les Secchi dérobent au calcul et à la nature leurs plus intimes secrets, l'art a aussi ses représentants. Boiëldieu, Auber, Meyerbeer, Rossini, Gounod, dans la musique; Canova, David, dans la sculpture; Ingres, Flandrin, Overbeck, dans la peinture, ont su s'élever à l'idéal, et ils ont eu le courage de l'exprimer.

Toutefois l'architecture, qui jamais ne fit défaut aux grands siècles, manque encore à celui-ci. On restaure, on copie; mais en fait de créations, on se borne aux usines, aux casernes et aux gares.

Il faut bien aussi convenir que le grand nombre n'apprécie que les intérêts matériels et les jouissances sensuelles. Si l'industrie enrichit quelques spéculateurs habiles, il faut avouer que, là où elle domine, elle multiplie les pauvres et les esclaves. On sait que jadis le château et la commune abusèrent parfois l'un de l'épée et l'autre de la finance, mais aujourd'hui l'usine fait peser sur l'ouvrier un joug cent fois plus dur et cent fois plus funeste. Le parvenu contemporain a remplacé le servage antique par le paupérisme; la morale de l'intérêt a succédé dans certaines consciences à la morale du devoir, et aux yeux de certaines personnes, l'aristocratie de l'honneur et de la fidélité doit céder le pas à l'aristocratie d'argent.

Tout cela est vrai; mais il est vrai aussi qu'en dépit des entraves, la charité libre s'élève au-dessus de l'égoïsme omnipotent. Il serait difficile, impossible même de compter les associations que le zèle catholique ne cesse de multiplier : Œuvres de la Propagation de la Foi, de la Sainte-Enfance, de Saint-François de Sales, des Campagnes, du Denier de saint Pierre, de Saint-François-Xavier, de la Sainte-Famille, de Saint-François-Régis, Conférences de Saint-Vincent de Paul, orphelinats, patronages, Cercles catholiques, Union des associations ouvrières, comités catholiques, écoles apostoliques, et autres sans nombre en France, en Italie, en Espagne, en Allemagne, en Angleterre, en Amérique, partout, en un mot, où l'Eglise a posé le pied.

L'action nous rappelle la parole qui la détermine. Nous avons signalé plus haut les grands orateurs chrétiens. La Révolution a ouvert en France une arène nouvelle pour l'éloquence politique. A la voix tonnante du fougueux Mirabeau, la passion frémit et la vertu pâlit, mais l'indomptable Maury se lève et déconcerte le tribun. De nos jours, la solennité protestante de Guizot et la faconde révolutionnaire de Thiers se taisent confondues par les nobles et mâles accents d'un Berryer et par la véhémence indignée d'un Montalembert.

La tribune anglaise vante les Pitt, les Fox, les Burke, les Canning. Mais la palme reste à celui qui fut par excellence l'orateur populaire, l'orateur de la vraie liberté, le défenseur du droit et de la foi contre les violences de l'hérésie, le Démosthène, je dirais presque le Moïse de l'Irlande : Vous avez nommé O'Connel.

L'histoire, suivant une parole célèbre, est devenue une vaste conspiration contre la vérité. Des écrivains voués, ce semble, au culte de la Révolution, n'ont vu dans les annales de la chrétienté qu'une longue lutte entre l'autorité et la liberté, et la Révolution, commencée par Luther et consommée par la déclaration des Droits de l'homme, serait le triomphe définitif de celle-ci sur celle-là. Mais la calomnie a été confondue. L'histoire des Croisades et celle des Moines d'Occident ont vengé le moyen âge, tandis qu'un modeste curé de campagne démolissait, par la simple révélation de leurs *erreurs historiques,* les Guizot, les Augustin et les Amédée Thierry, les Michelet, les Ampère, les Quinet, et d'autres encore.

Oh ! qui écrira l'histoire de l'époque présente ? Que d'événements entre l'Assemblée de 1789 et le Concile œcuménique de 1869. Quel contraste entre l'abîme et le sommet ! Quelle ascension de Robespierre à Pie IX ! Donnez à l'historien d'une si singulière époque un double burin. Donnez-lui le burin de Tacite pour flétrir des noms et des choses que Rome, sous Néron même, ne connut pas. Donnez lui le burin de Tite-Live pour célébrer la grandeur des actes accomplis à la voix du saint dont la douce majesté, dont la souriante audace, domine les impuissantes rages de la Révolution frémissante.

On disait que c'en était fait de la puissance pontificale. Et au sein même de cette Angleterre qui avait si souvent sonné le glas de la Papauté, Pie IX rétablit la sainte hiérarchie ; et la France qui venait de renverser le trône pour la quatrième fois depuis 89, la France se retrouvait très-chrétienne et invincible pour rendre Rome au Pape. On disait la foi éteinte. Et Pie IX proclama le dogme de l'Immaculée Conception, et d'un bout du monde à l'autre, ce fut un cri d'enthousiasme, qui étonna l'indifférence et fit rugir l'impiété. On disait ce vieillard abondonné. Il fit un signe et les fils de croisés vinrent se ranger sous sa bannière. A Castelfidardo, écrasés, mais non vaincus, par le nombre et grâce à la trahison, ils succombèrent comme les Spartiates aux Thermopyles, mais on les revit à Mentana, et cette fois le nombre et la perfidie ne servirent qu'à rehausser leur triomphe. — Il est vrai que la France était encore là ; elle y était, malgré cet homme, qui se croyant habile et fort, avait voulu imposer des conseils à celui qui a reçu d'en haut la mission de faire la leçon aux rois. S'adressant au Pontife, un prince insolent, le sourire sardonique sur les lèvres, s'était écrié du haut d'une tribune : De la sagesse, Saint-Père ! — Pie IX répondit par la condamnation solennelle d'une sagesse qui se vantait d'avoir soumis toutes les intelligences à ses principes et toutes les libertés à ses lois. (SYLLABUS).

On plaignit alors le vieillard. Les vrais catholiques triomphaient ; mais certains catholiques qui se croyaient les seuls sages et les seuls libres, tandis qu'ils n'étaient que faibles d'esprit comme de cœur, ces catholiques annoncèrent que cette fois Pie IX se séparait du monde et que désormais il resterait seul.

Et Pie IX dit un mot. Ce mot n'était pas un ordre, ce n'était qu'un désir. Le pontife devait demeurer seul ! Et voici que les évêques, les prêtres, les fidèles accourent plus nombreux encore qu'à l'époque de la proclamation du dogme de la Conception Immaculée. Sur un troisième appel l'empressement ne fait que redoubler.

Comment expliquer la puissance de ce prêtre qui seul commande et seul est obéi dans un siècle où pas un roi n'ose commander et où le plus habile souverain est celui qui sait le mieux obéir? Raisonnez, philosophes ; devinez politiques. Pour vous, Pie IX est une énigme ; pour nous, tout s'explique sans peine. Pie IX est le vicaire de Jésus-Christ, et c'est au nom de Jésus-Christ qu'il commande. Lui obéissant, le peuple chrétien obéit à Dieu et à Dieu seul. C'est pour cela que nous catholiques, nous qui constituons la société la plus libre et la plus grande qui soit au monde, c'est pour cela que nous obéissons à Pie IX. Rois, faites de même : au lieu de gouverner au nom du peuple, gouvernez au nom de Dieu ; alors le peuple qui craint de se dégrader en obéissant à son propre mandataire, le peuple sera fier d'obéir au représentant de celui qui seul est le grand et le très-haut. *Tu solus altissimus, Jesu Christe.*

Si donc le plus grand siècle est celui où la royauté de Jésus-Christ apparaît dans sa plus grande force et dans son plus vif éclat, le nôtre peut déjà disputer la palme aux âges les plus glorieux.

Il y a dix-huit siècles et demi, Jésus disait : « Tu es Pierre, et sur cette pierre je bâtirai mon Église ! » Jamais, en effet, l'Église ne reposa plus uniquement sur Pierre. Où sont les peuples, où sont les rois qui veuillent aujourd'hui ou qui puissent la soutenir ?

Jésus ajoutait : « Et les portes de l'enfer ne prévaudront pas. » Jamais les portes infernales ne s'étaient ouvertes aussi larges contre l'Église et surtout contre Pierre. On dirait que cette fois tous les feux de l'empire souterrain se sont élancés ensemble pour faire sauter le roc sur lequel repose l'édifice sacré. Au début de l'époque, ce sont coup sur coup deux pontifes, Pie VI, puis Pie VII, dont le trône vole en éclats. Aujourd'hui, Pie IX, comme le soleil, ne repose sur rien, si ce n'est sur lui-même; Pie IX, comme le soleil, semble suspendu dans le vide, uniquement soutenu par l'invisible main qui soutient les mondes, et comme le soleil aussi, Pie IX maintient seul autour de lui les peuples qui gravitent dans la sphère de l'Église.

Oui, elle sera grande cette époque qui, s'ouvrant par la déclaration impie des droits de l'homme se ferme par la déclaration solennelle des droits de Dieu ; elle sera grande, cette ère que nous appelons l'ère de la Révolution, et qui ne sera connue de nos arrière-neveux que sous le nom doux et radieux de SIÈCLE DE PIE IX.

CONCLUSION GÉNÉRALE

La série des siècles se présente au regard comme une chaîne de montagnes qui, à mesure qu'elles se soulèvent, apparaissent de plus en plus hautes et de plus en plus hardies et se trouvent séparées par des abîmes de plus en plus profonds. Ou si l'on préfère une autre comparaison, nous dirons que le progrès intellectuel et moral ressemble assez aux progrès de la défense et de l'attaque dans le système naval. Aux canons et aux boulets nouveaux le navire oppose un blindage plus solide, mais contre cette carapace nouvelle le canon lance un boulet perfectionné qui demain sera rendu inoffensif par un appareil plus imperméable encore. Ainsi la guerre va se perfectionnant de plus en plus du côté de l'agression, comme du côté de la résistance. De même dans la grande bataille que le faux et le vrai, que le mal et le bien, que le vice et la vertu se livrent l'un à l'autre depuis qu'il existe des hommes, le progrès se fait dans les deux sens, progrès dans la science du vrai et dans la pratique du bien, progrès dans l'erreur et dans le vice, dans le faux et dans le mal. De là ces alternatives de plus en plus tranchées, ces élévations toujours plus sublimes en raison même de l'énergie toujours plus grande que développe l'effort de la lutte, et ces chutes toujours plus profondes en raison même de la hauteur du sommet d'où les intelligences ou les cœurs se sont précipités. *Corruptio optimi pessima.* L'adage est vrai dans l'ordre intellectuel comme dans l'ordre moral.

Le coup d'œil rapide que nous venons de jeter sur la marche des faits nous a démontré, ce me semble, que la grandeur des siècles et des hommes se mesure au concours qu'ils ont apporté d'abord à la préparation, puis à l'extension du règne de Celui qui seul est le Grand et le Très-Haut. Cette vérité ressortira peut-être avec un éclat plus évident s'il nous est possible de rapprocher toutes les grandeurs, mais les grandeurs seules, dans un tableau tellement résumé que l'œil de l'intelligence puisse les saisir d'un seul regard.

Et d'abord, quelle que soit la portée de l'action des premiers grands hommes, leur influence immédiate se borne à une famille, à un peuple : Tels Adam, Noé, Abraham, Moïse, David, Salomon et les prophètes ; cette influence, il est vrai, s'étendra au monde entier, mais ce ne sera que par Jésus-Christ et par son Église. — Adam même et Noé ne font pas exception, car s'ils sont l'un après l'autre les pères de la grande famille de tous les peuples, leur influence religieuse, et même intellectuelle et morale, se serait à jamais perdue sans Jésus-Christ et sans l'Église, — comme elle l'est encore, du reste, partout où l'Église n'a pu s'établir et demeurer.

En dehors du mouvement qui tend directement à Jésus-Christ, en dehors de la série qui court du premier Adam au second, par les Abraham, les Moïse et les David, le progrès suit la même loi : les grandeurs semblent s'échelonner et s'élever toujours pour parvenir enfin au sommet qui est Jésus-Christ.

Les gigantesques empires de Sémiramis, de Nabuchodonosor, de Cyrus, ne sont que l'escabeau de celui d'Alexandre qui réalise enfin la grande idée de l'Iliade et de l'Odyssée d'Homère.

Dans la période qui s'écoule entre Miltiade et Alexandre la sagesse et la puissance humaine, la science et l'art, la législation, la politique et la guerre atteignent leur apogée. Le génie grec a rempli sa mission. Laissez venir le christianisme. Il saura s'emparer des richesses intellectuelles de la Grèce, comme jadis les enfants d'Israël s'emparèrent des vases précieux de l'Égypte.

Mais un peuple plus grand se prépare. Inférieure à la Grèce sous le rapport artistique, littéraire et philosophique, à peine supérieure dans la guerre, — car César ne l'emporte pas sur Alexandre, — Rome surpasse tous les autres peuples par la constance de sa politique : *consilio et patientia*. A son insu peut-être, mais poussée par une force secrète, de Romulus à César elle marche à l'empire du monde.

> Tu regere imperio populos, Romane, memento
> (Hæc tibi erunt artes) pacisque imponere morem,
> Parcere subjectis et debellare superbos.
>
> *Énéide*, VI, 866.

Aussi de même que, dans les plus hautes sphères intellectuelles, la Grèce gouverne encore par son Platon et par son Aristote, épurés le premier par l'Aigle d'Hippone, le second par l'Ange de l'École ; ainsi dans les sphères politiques, l'antique Rome gouverne encore par son droit épuré par la loi chrétienne.

Mais ce qui assure la prééminence de Rome et du

siècle qui, pour Rome elle-même, fut le grand siècle, c'est qu'alors eut lieu le plus grand événement. le plus grand fait, le fait capital, principal et central de l'histoire et du monde entier, l'avénement du Messie, du Sauveur universel, l'Incarnation du Verbe, la naissance de Jésus-Christ, sa prédication, sa passion, sa mort, sa résurrection ; puis la descente de l'Esprit-Saint, la prédication de l'Evangile, l'établissement de l'Église ; — et ce qui assure à Rome elle-même la supériorité sur toutes les autres cités, quelque fameuses qu'elles puissent être, c'est que dans ce siècle même elle devint le siége de celui qui représente ici-bas le Roi de tous les siècles et de tous les peuples. O Rome, tu rêvais l'empire universel, et déjà par la bouche de ton poète tu te disais la capitale politique du monde ! Arrête ici : tu ne dépasseras pas le cercle que César a tracé ; un jour même ce cercle se brisera et ce jour-là tu seras la proie des barbares qui se partageront tes débris. Mais ton rêve sera dépassé. Jamais tu ne seras la capitale politique des nations, mais tu seras, et déjà au jour où Pierre entre dans tes murs, tu es la capitale religieuse de l'univers.

Toutefois ce sera seulement après les trois siècles de la lutte entre les Césars et les martyrs que l'action de Jésus-Christ par son Église exerçera une influence universelle et triomphante. La période qui s'écoule de Constantin à Léon le Grand offre donc un progrès nouveau. Alors enfin l'empire païen expire définitivement dans la personne du sophiste-césar Julien ; alors, la barbarie recule avec Attila devant Léon le Grand ; alors la foi s'emparant du génie humain, l'élève, dans les régions de la science, au-dessus des

Platon et des Aristote; dans celles de l'art, au-dessus des Démosthène et des Cicéron; puis, de cette hauteur elle foudroie toutes les audaces et tous les artifices du sophisme et de l'hérésie.

Mais si au siècle des Césars et des docteurs chrétiens Jésus-Christ a triomphé : *Christus vincit*, il ne règne pas encore sur les nations considérées comme nations. Attendez que la main du Vicaire du Roi des rois ait couronné Charlemagne général en chef de la chrétienté. Alors non-seulement Jésus a triomphé, mais il règne et il gouverne : *Christus vincit, Christus regnat*, *Christus imperat.*

La civilisation corrompue de l'empire, l'invasion de la barbarie, le fanatisme de Mahomet, demeurent impuissantes devant trois hommes qui, lentement mais sûrement, transforment les éléments de l'antique société pour en faire une société nouvelle qui sera la société chrétienne : ces trois hommes sont un grand moine, saint Benoît; un grand Pape, saint Grégoire; un grand roi, Charlemagne.

L'idéal proposé par les Papes et réalisé un instant dans la personne de Charlemagne ne sera pas atteint. L'union entre le sacerdoce et l'empire sera brisée par des césars ambitieux; mais la lutte ne servira qu'à consolider le règne social de Jésus-Christ. Si d'une part, des rois puissants se lèvent tour à tour pour asservir l'Église, en Allemagne surtout et en Angleterre, d'autre part, les grands papes et les grands évêques se succèdent pour assurer la liberté et la sainteté du sacerdoce. Les Henri IV et V, les Frédéric Ier et II d'Allemagne rencontrent les Grégoire VII, les Urbain II, les Callixte II, les Alexandre III, les Innocent III, les Grégoire IX et les Innocent IV ; les Henri Ier et les Henri II d'Angleterre se brisent contre les Anselme et les Thomas de Cantorbéry.

La puissance des successeurs de Mahomet s'élève alors à l'apogée. Mais la France, l'Angleterre, l'Allemagne, l'Italie ont pris la croix. L'Espagne continue avec une héroïque persévérance la grande bataille qui, engagée par Pélage, ne finira que sous la grande Isabelle. La Pologne et la Hongrie s'opposent comme un rempart vivant aux élans des successeurs de Gengis-Kan.

Les ordres religieux se multiplient, ici pour la défense armée du droit et de la religion, là pour la délivrance des captifs, ici pour la sanctification et là pour l'instruction des fidèles. Nous ne rappellerons pas les divers ordres de chevalerie ; nous nommerons seulement saint Bruno et les Chartreux, saint Norbert et les Prémontrés, saint Bernard et la réforme de Clairvaux, saint François et les Frères Mineurs, saint Dominique et les Frères Prêcheurs, saint Félix de Valois et saint Jean de Matha et l'ordre de la Trinité, saint Pierre Nolasque et l'ordre de la Merci.

Le génie des sciences, le génie de la philosophie et de la théologie s'élève, dans la Somme de l'Ange de l'École, à une hauteur que le grand Augustin seul avait pu atteindre.

Les arts se résument alors dans ces admirables cathédrales que notre siècle admire et qu'il ne peut imiter.

Enfin, au milieu de tant de grands hommes, cette époque nous offre surtout trois types : le type du grand pape dans saint Grégoire VII, le type du héros dans Godefroy de Bouillon, le type du grand roi dans saint Louis, le plus sage des législateurs, le guerrier intrépide qui, dans les fers apparait comme le croisé par excellence et qui nous rappelle alors Jésus en croix.

Entre saint Louis et Isabelle il y a décadence Dans sa *Divine Comédie*, Dante l'a constatée. — Boniface VIII apparaît en cette période comme le roc solitaire qui s'élève au milieu des flots. — Jeanne d'Arc est un prodige. Il fallut ce miracle pour sauver le royaume très-chrétien, tant les grands hommes, depuis Charles le Sage et du Guesclin, étaient devenus rares! — Dans un autre ordre, Tamerlan n'est qu'une contrefaçon de Gengis-Kan. — Le terrible Mahomet II appartient à la Renaissance sur laquelle il influe à la manière des barbares, c'est-à-dire en forçant la civilisation à quitter définitivement l'Orient et à chercher un asile en Occident.

L'époque de Léon X fut donc, relativement au siècle qui la précède immédiatement, une réelle renaissance. Qu'il est beau l'élan des peuples chrétiens franchissant alors, dans toutes les sphères, les limites de tous les horizons connus, pour étendre partout la royauté de Jésus-Christ !

Non, quoi qu'aient pu dire certains esprits chagrins, la Renaissance ne fut pas anti-chrétienne, elle ne fut point païenne, elle ne fut pas une rupture violente avec les âges de foi. La rupture date du siècle précédent : elle date de Philippe le Bel, du grand schisme d'Occident, de certains scholastiques dégénérés du quatorzième siècle et des hérétiques du quinzième. La Renaissance fut catholique : car elle ne fut ni allemande, ni anglaise; elle fut italienne, espagnole, française et surtout romaine L'Allemagne et l'Angleterre ne savent alors que *protester*. Elles ne sont pour rien dans le mouvement des arts. Où sont au seizième siècle les monuments de la peinture, de la sculpture, de l'architecture, de la musique ou de la poésie protestante ? Qu'on vante, si l'on peut, l'éloquence frénétique de Luther, et la rude latinité de Calvin ; les catholiques d'alors ont cent orateurs, cent latinistes supérieurs à leur opposer.

Mais si le seizième siècle se distingue par la forme, il le cède au treizième pour le fond et pour l'idée. Ces deux époques diffèrent entre elles comme l'élégant et le sublime, comme l'enfant et l'homme. Après le chaos des quatorzième et quinzième siècles tout était à refaire. La renaissance n'est pas la virilité. Mais attendez : Voici Louis XIV. Autour du roi très-chrétien gravitent les grands guerriers, les grands ministres, les grands philosophes, les grands poètes, les grands orateurs, les grands artistes.

Louis XIV cependant n'est pas saint Louis. Les Papes de ce temps, tous dignes, n'approchent ni de saint Grégoire VII, ni d'Innocent III. Si la théologie de Bossuet, si la philosophie de Leibnitz, ou plutôt si la théologie et la philosophie de l'un et de l'autre (car Bossuet a écrit la *Connaissance de Dieu et de soi même*, et Leibnitz a esquissé un *système* c'est-à-dire un plan *de théologie*), si, dis-je, la théologie et la philosophie de ces deux hommes supérieurs se rattachent, par leurs traits principaux, à la théologie et à la philosophie de l'Ange de l'École, elles n'en réunissent ni la solidité, ni la plénitude, ni l'élévation. D'ailleurs, par une inconséquence aussi peu philosophique que théologique, Leibnitz demeure protestant, et Bossuet devient ou reste gallican.

La France s'est alliée avec les protestants d'Allemagne ; elle ne combat plus les fils de Mahomet. L'abaissement excessif de la noblesse féodale, commencé par Louis XI, consommé par Richelieu, donne au roi un pouvoir absolu; mais par là le monarque se trouve seul en face du peuple, et bientôt commenceront ces oscillations redoutables qui, faute d'une force mitoyenne entre l'élément démocratique et l'élément monarchique, deviendront la condition habituelle des peuples et des rois, retombant et remontant tour à tour, sans qu'il soit possible de prévoir quand et comment l'équilibre se fera.

Il faudra donc que des faits nouveaux, et inouïs jusque-là, démontrent, sous un jour pareillement nouveau, la nécessité sociale de la royauté de Jésus-Christ, telle que l'avaient comprise les Charlemagne et les saint Louis, les saint Grégoire le Grand et les saint Grégoire VII, les Innocent III, les Boniface VIII et les Pie V. Le puits de l'abime va s'ouvrir.

Après Louis XIV, Louis XV; après Bossuet, Voltaire; après le grand siècle, le siècle infâme, et au bout, le gouffre.

Prêtres et rois, Église et Nation, tout sombre dans une mer de sang. Si la hauteur de la cime doit répondre à la profondeur de la vallée, quel avenir ne promet pas le début de notre siècle !

Mais sortis à peine de l'abime où se sont engloutiés toutes les grandeurs et toutes les libertés, luttant encore contre le flot qui menace à chaque instant de nous entraîner de nouveau dans le tourbillon, s'il nous est permis de prédire le triomphe, avouons que l'heure n'est pas venue de le chanter.

Jusqu'ici dans l'ordre naturel, les hommes d'un génie et d'un caractère supérieurs sont rares; le talent est plus commun.

Dans l'ordre intellectuel, le courant porte aux sciences inférieures qui ont pour objet la matière, là encore où est la science? Les savants eux-mêmes déclarent qu'ils se bornent à observer et à constater les faits. Donc attendons qu'il surgisse un Képler ou un Newton pour rallier les observations nouvelles à une suprême unité.

Dans les arts, la peinture, la sculpture et la musique ont perdu l'idéal. Au lieu d'être l'expression du beau, elles se plaisent à représenter, par la couleur, par le trait ou par le son, la nature dégradée, ou du moins la mollesse et l'indécision des caractères d'une génération sceptique et sottement ricaneuse.

Où sont les architectes des églises, des châteaux, des hôtels-Dieu du moyen âge, ou seulement de la Renaissance et du siècle de Louis XIV ? Les gares et les théâtres ont imposé un style nouveau, le style du lucre ou de la volupté. Gagner, jouir, tels sont les beaux arts que des gouvernements habiles et mesquins ont inspirés à des populations qu'ils voulaient abrutir afin de les mieux asservir.

Nos poètes se plaignent de l'ingratitude des contemporains dont ils ont cependant caressé les plus vils instincts; on espère que l'oubli de la postérité sera pour eux le tombeau où enfin leurs hontes pourront s'éteindre.

On dit que nos arrière-neveux demanderont encore l'idéal de l'éloquence aux Démosthène, aux Cicéron, aux Chrysostome, aux Bernard, aux Bossuet, aux Bourdaloue, et que nos orateurs les plus renommés ont trop emprunté aux idées nébuleuses et à la phrase vaporeuse de leur temps pour offrir un fond à étudier et un style à imiter.

Nos histoires les plus célèbres, en ce siècle qui se vante d'avoir refait et presque inventé l'histoire, nos histoires, dit-on, sont à refaire. Nos historiens, paraît-il, auraient effectivement trop inventé.

La philosophie attend que l'État lui rende la liberté pour se dégager d'un programme qui en fait une série aussi stérile que fastidieuse d'observations plus ou moins exactes sur la nature des opérations de l'âme, ou qui la réduit à l'histoire des opinions énoncées par les philosophes d'autrefois. Car, en ce siècle qui s'est dit aussi le siècle de la philosophie, il n'y a pas de philosophes.

Convenons aussi que nos théologiens les plus solides s'estiment heureux quand ils peuvent répéter quelques-uns des enseignements que saint Thomas dans sa *Somme* présentait comme de simples éléments.

Enfin, chacun pense et dit que, pour se relever, les études attendent qu'on ait supprimé l'obligation de savoir tout à dix huit ans.

Si nous passons à l'ordre social, le regard cherche en vain ce qui pourrait justifier l'orgueil affiché par certains esprits et le mépris qu'ils professent pour les hommes et les choses antérieures à 1789.

D'abord il ne paraît pas que le génie des lois plane sur la tête de nos législateurs : car chaque assemblée nouvelle efface en partie ce que la précédente a décrété.

Les guerriers de génie et de valeur craignent que bientôt l'art militaire ne soit réduit à un problème de chimie et de mécanique. La victoire appartiendrait à la poudre la plus fulminante et aux instruments les plus rapides. La force, l'adresse, la bravoure personnelles tendent chaque jour à disparaître.

L'ordre moral compenserait-il le déficit ? Hélas ! si le moral s'élève rarement au niveau de l'intellectuel, s'il est plus difficile de bien agir que de bien dire et que de bien penser, l'expérience montre que la baisse dans la connaissance du vrai et du bien entraîne toujours une baisse plus profonde encore dans la pratique de la vertu. L'erreur engendre toujours le vice et le crime, comme 89 engendra 93.

Aussi dit-on que dans le commerce, la probité, la bonne foi, l'honneur ne sont plus que des mots, et que, en politique, Machiavel ne fut qu'un novice assez timide. Le libertinage des salons est descendu à celui du bouge et de l'estaminet. La presse est aussi impure qu'impie.

Faut-il donc maudire le siècle qui nous a vus naître et qui nous verra mourir, nous qui écrivons ces lignes ? Faut-il en désespérer ?

Le maudire ! non, car Dieu ne l'a pas maudit. *Quomodo maledicam, cui non maledixit Deus ?* En désespérer ! non, car jamais époque ne promit et même ne donna de si grandes choses. Jamais, en effet, les deux camps ne furent aussi nettement dessinés, jamais les deux drapeaux, qui depuis le *Similis ero Altissimo* de Lucifer, se disputent le monde, jamais ces deux drapeaux ne furent plus fièrement arborés. Or, toujours la guerre, et surtout la grande guerre, enfanta les grands hommes et provoqua les hauts faits dans tous les genres. Aujourd'hui la bataille est engagée sur toute la ligne et dans les sphères les plus hautes. Et la France, — toujours, quoi qu'on dise, fille aînée de l'Église, — la France y doit jouer son rôle. Quelle que soit, en France comme ailleurs et peut-être plus qu'ailleurs, quelle que soit la multiplicité apparente des partis, deux armées seulement sont en présence : l'Église et la Révolution. La Révolution a dit : 89, c'est la France ; l'Église a dit : La France, c'est saint Louis. — Il s'agit de savoir qui l'emportera de la France de 89 ou de la France de saint Louis ? qui triomphera des prétendus droits de l'homme ou des droits de Dieu ? Il s'agit de savoir qui doit régner, je ne dis plus seulement en France, mais dans toutes les nations du globe : Sera-ce l'homme ou Dieu, sera-ce Lucifer représenté on sait par qui, ou Jésus-Christ représenté par le Pape ?

Déjà l'aurore d'un jour nouveau s'est levée. Pie IX a proclamé l'Immaculée, et répondant à ce doux appel, Marie s'est montrée en France, disant : Je suis l'Immaculée Conception.

Déjà l'éclair a brillé, Rome a parlé. A ce coup de tonnerre, les portes de l'enfer se sont ébranlées. Et ces hommes à double face, qui ont deux grains d'encens, un pour l'Église, l'autre pour la Révolution, sont aujourd'hui forcés de choisir. Il leur faut ou renier leur libéralisme condamné par le *Syllabus* ou cesser de se dire catholiques.

Déjà, dominant les éclats de la foudre, la grande voix du Vatican a proclamé l'infaillibilité du Vicaire de Jésus-Christ, et tandis que de tous côtés, les remparts de la Révolution s'écroulent avec fracas, l'Église se lève et se déclare par des manifestations répétées, ici au pied des images de la Vierge Immaculée, là au pied de l'autel où Jésus révéla son Sacré Cœur, là enfin autour du Pape qui, dans aucun siècle, ne parut plus grand, plus puissant et plus roi.

On peut donc affirmer que déjà la royauté de Jésus-Christ s'est manifestée en ce siècle avec un éclat, avec une force, avec une majesté inconnue aux âges des Léon le Grand, des Grégoire le Grand, des Grégoire VII et des Innocent III.

Encore un peu et l'on verra ce qui ne s'est jamais vu sous le soleil. Certaines prophéties annoncent un grand Pape, un grand roi, un grand général, et ces trois hommes doivent en un clin d'œil changer la face du monde. J'ignore si ces prophéties furent divinement inspirées, mais il n'est pas besoin d'être prophète, il suffit d'ouvrir les yeux pour entrevoir la réalisation prochaine des splendides descriptions que les David, les Isaïe et les Daniel ont faites d'avance du règne triomphant de Jésus-Christ par l'Église.

Comme autrefois Israël dépouilla l'Égypte, ainsi le génie catholique, s'emparant de toutes les inventions et de toutes les découvertes du génie humain, accordera toutes les sciences et unira tous les arts pour élever un temple nouveau qui résumera, en les surpassant, tous les édifices intellectuels et matériels qui firent la gloire des siècles précédents.

Et le concert des sciences et des arts ne sera qu'un écho de l'harmonie des esprits et des cœurs, réunis sous la parole infaillible du roi des âmes, du Vicaire de Jésus-Christ.

Elancez-vous donc sur vos routes de fer, élancez-vous sur les flots de la tempête, chars et navires de feu ! Inventés pour le commerce ou pour la guerre, votre mission suprême sera de porter les apôtres, les envoyés du Roi des peuples, sur toutes les plages, pour y annoncer une dernière fois, dans toutes les langues, la bonne et la grande nouvelle. Il faut qu'avant son retour solennel, Jésus-Christ triomphe ici-bas par son Église, il faut que la prédiction du prophète s'accomplisse : Toute nation, tout royaume qui aura refusé de te servir périra. *Gens et regnum quod non servierit tibi, peribit.*

Voici que les peuples infidèles, les peuples hérétiques, les peuples schismatiques, les peuples sans religion, se heurtent les uns contre les autres et vont se briser les uns par les autres. Les nations opprimées, les nations partagées, les nations catholiques reprendront leur existence et leur place : leur place est au premier rang.

Au début de l'ère que nous traversons, à la date de 1789, une déclaration absurde autant qu'impie fut le signal d'un triomphe sanglant de l'enfer sur l'Église. Le dénouement de cette période si tourmentée sera le triomphe social de l'Église sur le libéralisme infernal. Cette époque, redisons-le pour conclure, cette époque se fermera par une date ; à cette date s'attachera un nom, le nom contre lequel frémissent toutes les colères de la Révolution, le nom de PIE IX.

5 août 1877.

FIN

TABLE

LES GRANDS SIÈCLES ET LES GRANDS HOMMES

HIC ERIT MAGNUS

I

II

III

IV

V

VI

Le Mans. — Imp. Leguicheux-Gallienne.

OUVRAGES DU MÊME AUTEUR

I. — ÉDUCATION

Principes de littérature, in-12, 9e édition.
Principes de littérature à l'usage des jeunes personnes, in-12, 4e édition.
Rhétorique, in-12, 4e édition.
Rhéthorique à l'usage des jeunes personnes, in-12.
Logique, in-12, 4e édition.
Cours de philosophie, in-12.
Plan d'études et de lecture, in-12, 3e édit.
Appel contre l'esprit du siècle, in-12.
Drames et dialogues : Moïse. — La Fournaise, 4e éd. — **Les Machabées**, 3e éd. — **S. Louis**, 4e éd.
Musique des chœurs de S. Louis, in-8o.
Les deux Etendards, in-18, 2e édition.
Dialogues récréatifs : Les Membres. — Les Sens. — Les Puissances. — Les Passions, in-12, 2e édition.
Boutade contre l'Eglise, in-12, 3e édition.

II. — RELIGION

Guide à l'usage des catéchismes, in-18, 4e édition.
Alpha et Oméga, in-32.
Les Droits de Dieu, in-32, 3e édition.
Triomphe de la Foi, in-12.
La Trinité, in-12.
La Création et ses applications symboliques à l'ordre spirituel. — **Les Terres et les Mers. — Les Plantes. — Les Astres**, quatre fascicules in-12.
Coup d'œil sur l'homme considéré comme couronnement de la création, in-12.
Jésus-Christ d'après l'Ancien Testament, in-12.

L'Eglise et le Pape, in-12.

Le Règne de Jésus-Christ par les Papes, en cinq tableaux, in-12.

Luttes de l'Eglise, 2 in-12.

Réponses aux principales objections contre la puissance et l'infaillibilité du Pape, in-12.

Les grands siècles et les grands hommes. in-12, 2e édition.

III.

Agenda du chrétien, in-32.

Une pensée par jour, in-32, 5e édition.

Dieu et patrie. Le soldat chrétien, in-32. 5e édition.

Le Sacré-Cœur de Jésus, in-32.

Le mois du Sacré-Cœur de Jésus, croisade pour le triomphe de l'Église et de la France, in-32. 85e édition.

Manuel de l'Archiconfrérie du Cœur agonisant, in-32, 2e édition.

Coup d'œil sur les congrégations de la sainte Vierge, in-12.

Manuel des congrégations de la sainte Vierge, in-32, 3e édition.

Cantiques des congrégations de la sainte Vierge, in-32, 2e édition.

Année de Marie, in-32, 2e édition.

Mois de Marie, in-32.

Neuvaine à Notre-Dame de Lourdes. in-32, 4e édition.

Saint Joseph, d'après l'Evangile, in-32, 22e édition.

Saint Joseph, modèle accompli de la vie chrétienne, (traduit) in-12.

Le B. Pierre Canisius, à Fribourg, en 1865, in-12.

Le B. Pierre Lefèvre, 4e édition.

Calendrier des saints Patrons des diverses professions, in-32.

Religion pratique du Ciel et de la terre, in-32 (réédité).

Le Mans. — Typ. Leguicheux-Gallienne.

www.ingramcontent.com/pod-product-compliance
Ingram Content Group UK Ltd.
Pitfield, Milton Keynes, MK11 3LW, UK
UKHW020913180726
13838UKWH00002B/522